政策科学

POLICY SCIENCES

理论新发现

THE NEW DISCOVERIES OF THEORY

中共北京市委党校（北京行政学院）学术文库系列丛书

李兵 著

社会科学文献出版社
SOCIAL SCIENCES ACADEMIC PRESS (CHINA)

致　谢

本书得到了中山大学岳经纶教授、中共黑龙江省委党校温美荣教授、中共山东省委党校宋协娜教授、中共福建省委党校程丽香教授和林娜副教授、中共北京市委党校副校长袁吉富教授、民政部政策研究中心主任王杰秀教授和何立军副研究员，以及中共北京市委党校科研处各位领导与同事的支持、指导和帮助，在此一并表示由衷的感谢。还要感谢养育我的父母，感谢陪伴我的妻子白雪松和可爱的女儿李霂橦。

目 录

前 言 ·· 1

第一章 政策科学 70 余年的演进和未来转向 ················· 6
第一节 政策科学的起源 ······································· 7
第二节 拉斯韦尔的政策科学 ································· 10
第三节 政策科学的拓展 ······································· 13
第四节 政策科学框架的建构 ································· 17
第五节 政策科学转变的新方向 ······························ 20
总 结 ·· 26

第二章 政策认识论和政策科学 ······························· 27
第一节 认识论和政策科学研究回顾 ······················· 27
第二节 政策认识论的再构造 ································· 32
第三节 政策认识论指导下的政策科学的政策知识制度化
安排框架 ·· 37
第四节 政策认识论指导下的政策科学的情境主义分析
框架 ··· 39

第五节 政策认识论指导下的民主集中制政策科学的关键
分析指南 ·· 41
总　结 ··· 45

第三章 规范性和政策科学 ··· 47
第一节 规范性和政策规范性分析框架 ···················· 47
第二节 认知规范性和政策科学 ····························· 53
第三节 实践推理和政策科学 ································ 57
第四节 社会哲学的规范性和政策科学 ···················· 62
总　结 ··· 65

第四章 政策标识和政策科学 ··· 66
第一节 哲学意义上的标识 ··································· 66
第二节 政策标识的构造 ······································ 70
第三节 政策定义、政策属性和政策标识 ················ 74
第四节 政策标识对政策科学发展的建议议题 ·········· 80
第五节 政策标识对中国政策发展的建议议题 ·········· 83
总　结 ··· 85

第五章 政策解释学和政策科学运动 ······························· 86
第一节 解释学和政策科学研究回顾 ······················· 86
第二节 政策解释学的定义 ··································· 91
第三节 政策解释学的方法论思想 ·························· 94
第四节 政策解释学的政策科学应用指南 ················ 97
第五节 政策解释学的政策范式应用指南 ················ 101

第六节　政策解释学的未来研究应用指南 …………… 104
总　结 …………………………………………………… 106

第六章　理解政策行动 …………………………………… 107
第一节　什么是理解 ……………………………………… 107
第二节　标识化政策行动 ………………………………… 112
第三节　情境主义和政策行动 …………………………… 115
第四节　政治性和政策行动 ……………………………… 118
第五节　情境主义元治理和解决政策行动问题 ………… 120
第六节　印证政策行动的观点 …………………………… 122
总　结 …………………………………………………… 125

第七章　政策科学中的理论化和元理论化 ……………… 126
第一节　政策科学中的理论化是什么 …………………… 126
第二节　政策科学中理论化的视角是什么 ……………… 130
第三节　政策科学中理论化的命题是什么 ……………… 133
第四节　政策科学中理论化的策略是什么 ……………… 137
第五节　政策科学中理论化的结果是什么 ……………… 142
第六节　政策科学中的元理论化是什么 ………………… 145
总　结 …………………………………………………… 153

第八章　中国社会规划的风格和改进方向 ……………… 155
第一节　理解社会规划 …………………………………… 156
第二节　中国社会规划的特点 …………………………… 160
第三节　情境主义和社会规划 …………………………… 166

第四节　未来研究和社会规划 …………………………… 169
  第五节　社会指标和社会规划 …………………………… 174
  总　结 ………………………………………………………… 178

附录　德洛尔的政策科学思想和理论 ………………………… 179

参考文献 …………………………………………………………… 203

前　言

　　政策科学由拉斯韦尔（Lasswell）于 1951 年创立。此后，拉斯韦尔和他的同事以及后继者，如德莱恩（DeLeon）、德雷泽克（Dryzek）、布鲁纳（Brunner）和费舍尔（Fischer）等人，围绕政策科学的定义、"民政政策科学"、"情境性"和"政策科学运动"等议题进行了深入研究，极大地推动了政策科学的发展。而政策科学的另一位代表人物德洛尔（Dror）则另辟新径，提出了政策科学的科学指向、政策科学的属性、政策科学的范式创新、"元政策"、未来研究的政策科学观、政策赌注、政策推理思想、计划的政策科学观等概念、理论和思想观点，极大地拓宽了政策科学研究领域（详见附录）。他们富有创造性的工作和真知灼见为人类留下了宝贵的政策科学知识遗产。如今，这两条研究路线不断融合，共同启发和指导当代政策科学家的研究工作。

　　政策科学已经走过了 70 余年的发展历程，成就巨大。今后，政策科学将何去何从，是躺在已有成果上"睡大觉"，还是继续深化和开拓？答案是显而易见的。我们需要站在前人的肩膀上认真思考和积极行动，努力推进政策科学的发展。为此，本书在继承前人的政策科学成果的基础上从三个方面推进。一是从哲学思想中寻找指导元素，二是从相关科学中寻找交叉学科和多学科研究范式，三是从中国政策实践中寻找合理内核。

第一章讲述了政策科学70余年的关键成果和未来转向。政策科学从1951年创立至今，已经经历了70余年的发展，积累了大量的研究成果。在此基础上有必要尝试从学科定位、知识定位、问题和结果定位、情境定位、方法定位、规范性和指导性定位、民主集中制定位七个维度构建政策科学新的结构性框架，并提出新政策科学的研究方向，即从"旧"政策科学向"新"政策科学转变，从单一的实用主义思想向多元的思想转变，从民主政策科学向民主集中制政策科学转变，从情境性向情境主义转变，从问题导向向结果导向转变。其中，"民主集中制政策科学"创造性地把中国政治活动中最具特色的民主集中制原则纳入政策科学中，倡导"政策共享"的理念，很好地体现出"从群众中来，到群众中去"的决策方法，用中国元素丰富和推进政策科学研究，这或许是本书的第一个创新点，也是本书的重要创新点。

第二章提出了当我们从事政策科学研究的时候，需要思考的是：我们的任务不能只满足于对政策活动进行经验分析和一般理论概括，还要从哲学认识论中寻找指导政策科学的元素，并运用认识论来解释、构建一个可以回答经验问题的政策学说。实际上，政策科学家已经探索了政策科学的认识论观点，所以需要再造政策认识论，并根据政策认识论提出政策科学的政策知识制度化安排框架、政策科学的情境主义分析框架和民主集中制政策科学的政策认识论关键分析指南。

第三章探索了规范性对政策科学的意义。规范性遍及我们的生活。我们不仅有信仰和欲望，而且我们假设某人相信或所做的事情可以被判断为合理或不合理、对或错、好或坏，它要对标准或规范负责。规范性是哲学领域的一个重要的研究议题，其不仅对于发展认识论哲学、科学哲学和社会哲学等哲学理论必不可少，而且为各门学科的发展提供了一个坚实的支撑点。事实上，规范性已经被应用于法学、政策制定和科学定律等部分自然科学领域。因此，可以确信，作为一门规范科学的政策科学，要成为真正的规范科学，同样需要规范性的支撑。

第四章提出了政策标识说。在任何一个研究和实践的领域，关键术语和思想的定义通常是非常重要的。当一个人开始探索一个新的领域时，掌握一些概念通常是有帮助的。政策标识这一术语起源于药物学的标识概念和哲学的标识学说，是指政府用以证明和表达自己意图和预期的一种文字性标记，是标识的一种特殊形态，是政策自身无形特质与其显性化表象的结合。政策标识说不仅为认识和理解政策，也为探讨政策定义、属性和政策标识之间的关系提供了认识论基础和研究指针。更重要的是，政策标识对于政策科学研究和政策实践活动，以及政策科学家和政策实践者实现改变人类命运、提高人类尊严的使命都具有重要的指导意义。政策标识说或许是本书的第二个创新点。

第五章论述了政策解释学和政策科学运动。随着政策科学的发展，实证主义已经不能满足研究的需要。为了弥补传统实证主义方法的不足，进一步提高政策科学的解释力，需要在精炼和整合哲学解释学、解释性政策分析、解释性政策探究以及解释学和政策分析已有方法的基础上，提出"政策解释学"这一方法论术语。政策解释学的目标是为理解政策提供一个分析框架，包括政策解释学在政策科学框架建构中的应用指南、在政策范式中的应用指南和在政策解释学未来研究中的应用指南。政策解释学的意义在于既为实现政策科学方法论的多元化提供一个视角、为推动政策科学运动提供一个有用的方法论工具、为促进民主集中制政策科学的发展提供一个支点，也为中国未来的政策发展提供一个支撑。政策解释学或许是本书的第三个创新点。

第六章采用理解的方法探讨了政策行动。行动无处不在，受到行动哲学、人类行动、社会行动类型、理解的方法和政策过程的共同启发，"政策行动"这一术语试图将围绕政策过程进行的政策活动纳入其中，适当扩大政策理论理解和解释的边界，即便有想要构建"宏大理论"的嫌疑。本章不仅要将政策行动标识化，还要探讨情境主义、政治性、元治理对政策行动的指导意义。

第七章提出了推进政策科学发展的理论化和元理论化思路。在政策科学领域，我们不仅需要更多、更好的理论，而且要注意，产生理论的关键在于它产生的方式，即主要在于理论化的过程。简而言之，为了得到更好的理论，我们需要把主要关注点从理论转移到理论化上，这也是巩固和提升政策科学的地位、推动政策科学的发展必须做的事情。因此，需要理解理论化和元理论化是什么，探索政策科学中理论化和元理论化的视角、命题、策略和结果。需要强调的是，中国的政策科学家应当在继承已有的政策科学中理论化和元理论化成果的基础上，善于从中国实践中寻找创新元素，真正树立起"移步不换形"的守正创新精神，推动政策科学发展。

第八章认为社会规划是政府为实现社会政策目标而采取的一系列综合措施，是一种项目型和干预型的社会政策，体现了社会干预的主张和社会发展的核心理念。社会规划虽不是中国发明的，但在制定的连续性和一致性上，在保证实施的效率和效果上，中国无疑是做得最好的，总结中国社会规划经验对世界，尤其是对发展中国家具有很好的示范作用。本章阐述了社会规划的概念和特征；提出了社会规划的命题陈述；总结了中国社会规划的特点和特质，同时也提出了中国社会规划未来应在情境主义方法论、未来研究、社会指标等方面做出改进。

附录重点选取了德洛尔发表的八篇论文和出版的四本专著，从中整理出他的主要政策科学思想和理论。

本书虽然做了一些创新性的探索和尝试，但由于作者能力有限，理论功底不够深厚，研究仍然较为粗浅。希望有更多的中国政策科学家敢于突破保守的限制、敢于挑战极限、敢于创新，共同推动中国政策科学的发展。

第一章　政策科学70余年的演进和未来转向[*]

政策科学从1951年创立至今，经历了70余年的发展，积累了大量的研究成果，需要对其思想来源、创立者确定的框架和后继者的理论观点进行系统的总结，并探索未来转向。西方政策科学家从古希腊哲学家柏拉图、苏格拉底和亚里士多德等人那里寻找思想源头，探讨文艺复兴和工业革命时期哲学和科学思想对现代政策科学的影响。重要的、难得的和令人欣慰的是，拉斯韦尔没有忘记挖掘中国孔子的政策思想（Lasswell，1971：10）。但这些政策思想毕竟年代久远，不可能直接产生现代政策科学。因此，西方政策科学家意识到，相比探讨文艺复兴和工业革命时期哲学和科学思想对现代政策科学的影响，更需要从19世纪下半叶和20世纪上半叶的哲学思想中探察现代政策科学的直接思想来源。直接的思想来源影响着政策科学最初创立者对政策科学的定位、框架及其要素的建构等。而政策科学最初创立者说了些什么不仅引领追随者和后继政策科学家的研究，也接受他们的验证。当然，我们也需要了解追随者和后继政策科学家有哪些推陈出新的成果，政策科学还有没有可以拓展和深化的空间。时至今日，中国的政策科学研究者应该认识到，没

---

[*] 本章曾发表于《山东行政学院学报》2021年第1期，原标题为《政策科学：70年关键成果整合和新方向探索》，内容有修改。

有当代中国元素注入的现代政策科学是不完整的。我们需要从生动鲜明的中国政策实践中理直气壮地提取经得起历史检验且具有普遍指导意义的一般原理来丰富和推进政策科学。只有做出这样的贡献，我们才能在政策科学中拥有一席之地，才能获得真正的话语权。为此，本书检索了70余年来以"政策科学"为主题的主要文献，试图对关键研究成果进行梳理和整合，并提出政策科学未来研究的新方向。

第一节 政策科学的起源

一 实用主义哲学和政策科学的创立

在19世纪后半叶到20世纪前40年，哲学、经济学、社会学、政治学、法学和管理科学等社会科学蓬勃发展，对美国和西欧政策科学的创立和兴起产生了重大影响。阿谢尔（Ascher, 1986：365-373）认为，在20世纪，政策科学运动的最早先驱采取一种早期但强有力的多学科行为主义形式，这种行为主义是对20世纪20年代和30年代的社会科学和法律研究做出反应而产生的。

托格森（Torgerson, 1992：225-235）认为，在20世纪初期，实用主义打破了哲学和文化倾向，预先形成的范畴和参照系是理所当然的。实用主义以经验为参照点，保持了与经验主义的连续性。拉斯韦尔（Harold D. Lasswell）和几位著名的合作者（Myres S. McDougal, Abraham Kaplan, Daniel Lerner）是政策科学的主要创立者，政策科学的一部分思想起源可以追溯到实用主义哲学。布尔默（Bulmer, 1984：29）简明扼要地指出："芝加哥实用主义哲学学派延续了一代芝加哥社会科学，为政策科学研究定下基调并提供了总体方向。"邓恩（Dunn，2019：8）认为，拉斯韦尔和实用主义的关系可追溯到他与芝加哥大学实用主义者的互动。阿谢尔和赫希菲尔德-阿谢尔（Ascher and Hirschfelder-Ascher，2005：13）指出："作为一名芝加哥大学学生（1926年获得政治学博士学位）和年轻教职员工的拉斯韦尔，在所致力于的政治科学研究中继承了威廉·詹姆斯（William James）、约翰·杜威（John Dewey）和他的芝加哥大学政治学系导师查尔斯·E. 梅里亚姆（Charles E. Merriam）的科学实用主义思想。"拉斯韦尔独特的学术经历说明了他是如何从实用主义原理中成功地创建政策科学的。

当拉斯韦尔将注意力转向政策研究的时候，实用主义思想作为其学科背景和知识储备无疑起到了启发、铺垫和推动作用。所以，拉斯韦尔（Lasswell，1971：ⅷ）在他的专著《政策科学预观》序言中将政策科学看作"对约翰·杜威和他的同事在美国实用主义发展过程中所建议的公共政策一般方法的当代改编"。本书中，拉斯韦尔深入地阐明了情境性（Contextuality）和决策过程、解决问题导向、政策标准（包括智力功能标准、提升功能标准、规定功能标准、祈求功能标准、应用标准、终止标准、评价功能标准、所有功能和结构标准）等，以及决策过程模型、原型设计技术、纳入计算机模拟技术等手段，无不渗透着功能主义和工具主义理论的实用主义思想。

邓恩（Dunn，2019：8）评价说："这种对功能主义和工具主义理论的实用主义承诺是拉斯韦尔著名格言的基础，即政策科学的功能是创造政策制定过程中的知识和政策制定过程中的知识（Lasswell，1971：3）。重要的是，在公共秩序和公民秩序的决策过程中，这个功能既反映了杜威的工具主义，也反映了拉斯韦尔对社会科学的实用主义取向。"同时，他将塑造这一成就的实用主义制度网络称为"跨学科的流行"（Cross-disciplinary Manifold）（Dunn，2019：

18）。但考夫曼-奥斯本（Kaufman-Osborn，1985：827-849）却提出反论，他认为："实用主义哲学经常被引用为当代政策科学理论基础的来源。然而，对杜威著作的研究表明，实用主义与现在盛行于这些科学中的知识概念及目前这种研究形式与国家之间的关系是不相容的。"因此，未来政策科学研究除了修正已有的哲学思想，更需要为政策科学寻找和注入新的哲学思想，尤其对中国来说，这一点更重要，任务更艰巨。

二 实证研究和政策科学的创立

实用主义是政策科学的思想源泉，流行于经济学、社会学、心理学、政治学和管理科学等社会科学中的实证主义研究方法则为政策科学提供了有用的技术手段，能够提高政策科学的可靠性、可行性和科学性，所以，政策科学也是自19世纪欧美以问题为导向的实证研究为基础发展而来的。

19世纪的英国等欧洲国家，为了应对工业化和城市化所带来的社会问题和城市问题，统计学应运而生。以政策为导向的针对家庭收入和支出、城市贫困人口、就业和失业等大量问题的社会调查和实证研究，很大程度上为解决这些问题和其他问题提供了答案。邓恩（Dunn，2019：22）认为："受到欧洲国家实证研究和当时在美国占统治地位的实用主义哲学思潮的共同影响，芝加哥大学开展了一系列的实证研究，如政治学家哈罗德·戈斯内尔（Harold Gosnell）的城市调查，心理学家路易斯·列昂·瑟斯顿（Louis Leon Thurstone）的态度测量方法设计为实验经济学中预期效用度量的经济研究做出了贡献，经济学家亨利·舒尔茨（Henry Schultz）奠定了计量经济学的基础，雅各布·维尔纳（Jacob Viner）和弗兰克·奈特（Frank Knight）正在发展制度经济学，等等，这使得芝加哥学派的研究总体上具有了重视经验研究和以解决实际社会问题为主的应用研究的特征，帮助并塑造了与政策相关知识的新方向。"

这些实证主义和实用主义的汇合无疑深刻地影响着拉斯韦尔的学术创作。具体到政策科学的一个先例是一本由赖斯（Stuart Rice）编辑，拉斯韦尔组织的案例集——《社会科学方法》（Rice and Lasswell, 1931）。在勒尔纳和拉斯韦尔（Lerner and Lasswell, 1951）主编的由17位学者参与撰写的世界上第一部政策科学著作——《政策科学：范围和方法的最新进展》中，学者就研究程序步骤（概率法、数学模型、定量测量、访谈等）和政策整合（经济行为预期和决策、抽样访谈调查、政策形成中的自然科学、社会科学家和研究政策等）两大类政策科学的研究方法进行了初步的探索，为后来政策科学的兴起以及从实证研究方法过渡到后实证主义研究方法打下了良好的基础。

可以说，拉斯韦尔和他的合作者以及众多投身于此的学者的政策科学是实用主义哲学和各种社会科学的实证主义研究范式。

第二节　拉斯韦尔的政策科学

普遍的共识是，1951年，拉斯韦尔（Lasswell, 1951：3-15）的《政策导向》（The Policy Orientation）一文成为政策科学创立的标志，该文正式提出"政策科学"（Policy Sciences）这一概念，并表达了拉斯韦尔政策科学的五个要旨。第一，政策导向聚焦于政策的科学研究。第二，可以使用"政策科学"一词来指定在任何既定时间内政策导向的内容。第三，政策导向是双重的，一方面在某种程度上指向政策过程，另一方面在某种程度上指向政策的智力需求。第四，政策科学包括用于调查研究政策过程的方法、政策研究的结果、该学科的发现对时代的智力需求做出最重要的贡献三个方面。第五，民主政策科学的演变，可以预见，重点将放在与更充分实现人的尊严有关的知识的发展上。此后，拉斯韦尔不断深化对政策科学的阐述，他（Lasswell, 1965：28-33）倡导情境和问题导向的方法，指出："情境导向的智力后果强调在价值与制度之间建立概念性区分的重要性，原形策略要求政策导向的方法要对发明用于观察和处理数据的所有方法开放。"三年后，他（Lasswell, 1968：181-189）强调："政策科学研究决定或选择的过程，并评估可用知识对解决特定问题的意义。"

1970年，《政策科学》（*Policy Sciences*）杂志正式创刊，从此政策科学有了自己的研究平台。拉斯韦尔（Lasswell, 1970：3-14）在他那篇著名的论文《政策科学的新兴概念》中进一步指出，第一，政策科学可以理解为政策过程知识和政策过程中的相关知识。第二，政策科学有独特的情境性视角，政策处理的方法倾向于情境性而不是支离破碎，并倾向于以问题为导向，而不是盲目的问题导向。第三，政策科学有独特的问题导向视角，包括澄清目标，趋势导向，智力任务是科学的，价值-制度变迁的未来可能性与概率，替代目标和战略的发明、评估和选择等五个方面。第四，政策科学有独特的技术综合。新兴政策科学家独特的观点视角与各种技术工具相结合，他们越来越不拘泥于方法，多种方法的综合运用既反映又有助于情境性和问题导向。第五，政策科学有独特的身份。现代政策分析家独特的观点、综合的技术、独特的身份三者形象地演变、交织在一起。政策科学的概念既是一种新兴形象的副产品，也是对政策科学进一步澄清的一种贡献。

拉斯韦尔（Lasswell, 1971：4）在他的最后一本专著也是唯一一本政策科学专著《政策科学预观》中总结道，政策科学涉及公共秩序和公民秩序的决策过程知识以及公共秩序和公民秩序的决策过程中的知识。政策科学必须努力实现以下三个基本属性。第一，情境性。决定是一个更大的社会过程的一部分。第二，问题导向。政策科学家要擅长介入阐明目标、趋势、条件、预测和替代方案的智力活动。第三，多样性。政策科学所采用的研究方法不能局限于狭窄的范围，也就是说，政策科学要使用多学科或交叉学科的研究方法。至此，拉斯韦尔完成了创立政策科学的五重奏。

深度挖掘后，我们还可以看到拉斯韦尔对政策科学做出的更多贡献。决策过程模型（Lasswell，1956、1971：27 - 30），可以说，这是拉斯韦尔对政策科学最重要的贡献之一。拉斯韦尔的决策过程模型经过后人的不断探索，演化成现在为人们所熟知的政策过程/周期理论。阿谢尔和赫希菲尔德-阿谢尔（Ascher and Hirschfelder-Ascher，2004：23 - 36）认为："与拉斯韦尔的政治心理学和他开创的政策科学在时间和风格上的明显差异相反，两者之间的连续性和兼容性非常高。拉斯韦尔的政治心理学框架适合解决政策科学的智力任务，通过将他对政治心理学的见解与政策科学框架联系起来，并回顾他的政治心理学和政策背后的共同实用主义哲学来证明。"

但拉斯韦尔的学生布鲁纳（Brunner）却坚持认为，"政策科学"一词至少可以追溯到1943年。当时，拉斯韦尔（Lasswell，1943a、1943b）从许多来源中明确了这一概念（Brunner，1996：45 - 68）。此后，拉斯韦尔、布鲁纳和威拉德（Lasswell, Brunner and Willard，2003：71 - 89）指出："在1943年的第二次世界大战危机期间，政策科学的主要创始人拉斯韦尔为政策科学研究所和国家政策领导人培训机构写了一份关于个人政策目标和建议的备忘录。在1943年10月1日的《个人政策目标备忘录》中，拉斯韦尔运用政策科学来定位自己关于事件展开的看法。"

第三节 政策科学的拓展

政策科学的概念出现后,其独特的魅力吸引了众多学者的关注,极大地深化和拓展了政策科学的研究,主要的研究聚焦于以下四个方面。

一 深化对政策科学的认识

凯斯凯梅蒂(Kecskemeti,1952:520-535)认为:"当代政策科学的概念意味着关于社会现象的纯粹事实和专门知识,如果被决策者应用,将给社会和政治领域带来巨大和有益的变革。根据政策科学的现代概念,我们必须能够发展这样一个完整、全面的行为理论。"雷诺兹(Reynolds,1975:1-15)认为:"政策科学是一种寻求产生经验知识的探究形式,就政策问题而言,这种知识在功能上等同于相关科学及其工程应用共同提供的知识,但同时不要求创造与科学理论及其工程衍生物具有相同认知地位的知识结构。"奎德(Quade,1970:1-2)在《政策科学》创刊号中指出:"政策科学是一种跨学科活动,试图将决策与行为科学融合在一起。政策科学的目的仅仅是通过科学决策方法和行为科学来增强人类做出判断和决策的过程。"布鲁尔(Brewer,1974:239-244)则提出了一项研究议程,旨在"培育和构建一门学科"的政策过程本身和一系列特定的政策问题。黑尔(Hale,2011:215-232)认为:"政策科学旨在通过加强和支持人的尊严来改进决策,最终目标是以一种提升人类尊严的方式解决问题。"

二 拓宽对"民主政策科学"的研究

对民主政策科学,德莱恩(Peter deLeon)做出了重要贡献,归纳起来有四点。第一,参与式政策分析的实现,不仅有利于民主制民主政策科学,而且将直接提高参与式民主的可能性和公信力(DeLeon,1992:125-129)。第二,政策科学方法因对普通公民的价值观和偏好不敏感而受到持续批评。一项"参与性政策分析"能够勾画出一个反实证主义的方法来解决这些问题(DeLeon,1994c:200-212)。第三,政策科学必须以更具参与性的方式重塑其理论和方法论,以便重新获得其通过民主政策科学改善治理的早期承诺(DeLeon,1995:886-905)。第四,在他的《民主和政策科学》集大成之作中,德莱恩(DeLeon,1997:45-125)深入研究了政策科学的民主基础、为了政策科学的民主和民主政策科学三大议题。

德雷泽克(Dryzek,1989:97-118)认为:"拉斯韦尔承诺建立民主政策科学,但政策分析的大部分努力已经被微妙地证明是反民主的。他提出一门参与式民主政策科学,因为在概念上能够更好地将民主政治和理性决策结合起来。"德雷泽克和托格森(Dryzek and Torgerson,1993:127-137)认为:"如何在产生公共利益的同时认识到差异,如何在公共领域促进民主,同时培养与政策决定的具体细节的联系。在努力解决这些问题的过程中,民主政策科学预示着一种与先前技术官僚的期望大相径庭的新形态。"巴顿(Barton)进一步阐明了民主政策研究的方法论要求。他(Barton,1969:32-51)接受这样的假设,即要继续朝民主政策科学迈进,就需要综合的方法和渐进的方法相结合,并试图进一步将这一假设用于政策研究和决策。韦格尔(Wagle,2000:207-223)讨论了民主化和公民参与在政策科学中的作用。他认为,虽然公民参与对于确保决策过程的民主化和提高为做出适当决策而提供的信息的质量很重要，但如何获得这种公民参与已成为另一个紧迫问题。托格森（Torgerson，2017：339-350）认为，为了检验政策科学与民主的关系，我们需要把重点放在这个框架的关键要素上，放在拉斯韦尔关于民主政策科学的建议上，此外，还要放在公众的条件上。特别要注意情境构成了政策科学与民主的内部联系。

法尔、哈克和卡泽（Farr, Hacker and Kazee, 2006：579-587）认为，政治科学有一种独特的能力，甚至可能是一种特殊的义务，来处理从根本上影响公民生活环境的民主选择问题。随后，三人（Farr, Hacker and Kazee, 2008：21-32）进一步勾画出什么样的民主政策科学家适合我们的时代和政治学学科的现状。布鲁纳（Brunner，2008：3-19）通过对拉斯韦尔关于民主政策科学家的愿景提供更真实的介绍，反驳了三人的观点，并认为，也许重温民主政策科学家更真实的愿景，将有助于那些可能对自己真正的专业角色感兴趣的学者做出选择。

三 倡导交叉学科和后实证主义的研究方法

拉德诺（Radnor, 1971：447-456）从技术角度出发，提出"交叉意识、交叉学科和行为科学的应用是政策科学的垄断还是变化环境中系统技术的自然发展？"这一议题，分析了政策科学的潜在贡献和作用，并将其与现有的和发展中的管理科学观点联系起来，呼吁用团结代替竞争。科克瑞尔、丹尼尔、马尔钦斯基和蒂德威尔（Cockerill, Daniel, Malczynski and Tidwell, 2009：211-225）提出一个协作建模的方法，这一新的方法整合了政策科学中的核心理念。协作建模背后的原则使政策研究人员和决策者能够解决政策过程中的跨学科、复杂系统和公共投入问题。

阿谢尔（Ascher，1987：3-9）认为，我们是否正在进入"后实证主义时期"仍然悬而未决。尽管如此，重申情境、跨学科、以问题为导向的研究的重要性的论争还是相当成功的。德莱恩（DeLeon，1994b：176-184）认为，传统上政策科学是以实证主义认识论观点为导向的，经济学及其许多应用方法论是这种方法的必要条件。然而，由于一些原因，这些方法被认为本身不足以理解政策困境。出于这个原因，政策研究界的许多成员最近转向了各种后实证主义视角，以便纠正他们认为当代政策研究的症结所在。德莱恩（DeLeon，1997：80-87）批评政策科学中的许多令人失望的实证主义和社会中日益减少的民主精神，主张在政策科学中采取后实证主义和多学科方法。韦布尔（Weible，2020：389-394）认为："德莱恩的后实证主义纠错方法是一种强调情境而非概括的科学方法，它接受复杂性而不是还原论，并将多种视角和知识形式融入分析中。"此外，列文和沙坤（Lewin and Shakun，1976：1-10）详细探讨了政策科学的情境规范主义——描述性和规范性方法。克朗（Krone，1980）则深入地阐述了政策科学的系统理论和系统分析方法。

费舍尔（Fischer，1998：129-146）批评了政策科学占主导地位的新实证主义方法论，考察了后实证主义者对传统的社会科学新实证主义认识论的挑战，并阐明了实证主义者对政策分析理论和实践的非技术官僚重新定位的影响。①新实证主义政策科学不仅未能努力开发一套可用的预测性概括，而且也无法为社会问题提供有效的解决方案。②这一失败的一个重要部分可以追溯到过时的认识论假设，即知识积累的唯一可靠方法是通过严格制定的因果概括的客观假设检验进行经验证伪。③后实证主义政策科学的最终成功将取决于政治和制度改革。

四 探索政策科学运动的研究

拉扎斯菲尔德（Lazarsfeld，1975：211-222）对不断扩大的政策科学运动进行了评估，着重评估政策科学家在整个决策过程中分配给自己的角色，讨论了政策科学家的研究风格，并确定了这种风格的四个基本特征。布鲁纳（Brunner，1991：65-98）认为，政策运动是由通过科学调查改进政策决策的共同利益统一起来的。他从政策科学的角度分析了该运动在过去几十年中的令人失望之处，特别是未能实现早期对更重要和更有争议的政策问题进行理性、客观分析的愿望。通过对潜在的问题进行定义和诊断，就如何解决这一问题提出了个人和集体选择的建议。

需要特别指出的是，德洛尔（Dror）是继拉斯韦尔之后的另一位重量级的政策科学研究大家，他在政策科学方面的主要思想、理论和研究成果见附录。

第四节 政策科学框架的建构

随着研究的深入，德洛尔（Dror，1970b：135-150）认识到，"澄清政策科学的基本性质和范围的必要性变得更加迫切，因为对于越来越多希望致力于解决人类问题和社会问题的个人和机构来说，滥用'政策科学'这一术语作为任何活动的方便的象征都是危险的。从本质上讲，政策科学的目标是通过有意识的元政策制定来明确地重建政策制定。在政策科学真正开始之前，没有什么方法能比忽视科学的局限性而过度吹嘘政策科学，以及通过试图把人们认为是人类进步所需的超科学问题纳入政策科学的概念而过度使用政策科学的概念，更能将其摧毁"。

按照"政策标识"的观点（详见第四章），政策科学的定义如拉斯韦尔所确定的，其是关于政策过程知识和政策过程中的相关知识，政策属性如德洛尔总结的九条政策科学性质（Dror，1970b：135-150），政策科学的类型在科学中属于建立在多种学科的基础上，"没有单一的政策科学，只有多元的政策科学"（Lasswell，1951：3-15）。政策科学的定义、属性和类型构成了政策科学框架的根基。

德莱恩（DeLeon，1988：7）认为："正如科学哲学家和知识社会学家所记载的那样，构建和交流一门学科所必需的知识积淀必须围绕一个共享的分析框架聚集。"因此，德莱恩（DeLeon，1988：7）指出拉斯韦尔的政策科学框架有两个优势："第一，它具有某种内在的凝聚力，这使得人们能够在情境中以一种丰富而结构化的方式来审视政策科学处理社会问题的方法。第二，它允许人们预测未来的发展并询问他们可能会产生什么样的影响。"

托格森（Torgerson，1992：225-235）进一步指出："在关注政策科学的出现时，拉斯韦尔转而试图引起人们对一个重大历史发展的注意，同时试图给它以形状和方向。拉斯韦尔学术生涯的顶峰是建立和发展了一个在范围和复杂性上都没有受到挑战的政策探寻框架。拉斯韦尔没有声称他的框架是唯一可能的。事实上，他明确地称之为"政策科学的许多可能方法之一"（Lasswell，1971：1-13）。拉斯韦尔的政策探寻框架既包括制度层面，也包括概念层面：只有制度才能允许在个人和集体层面上执行必要的调查程序。"

根据拉斯韦尔和其他学者的观点，本节尝试从以下七个维度构建政策科学框架。

维度一：学科定位。特恩布尔（Turnbull，2015：72-91）认为："拉斯韦尔的观点不同于专业科学，因为他认为政策科学不只是一门新科学，也不只是社会科学的一个术语。所有的科学知识都与公共问题有关，不同的科学将汇集在政策科学中。"因此，没有单一的政策科学，只有多元的政策科学（Lasswell，1951：3-15）。

维度二：知识定位。政策科学要研究、提供和促进政策过程知识和政策过程中的相关知识，简单地说就是政策知识（Dror，1968：8）。本节认为政策知识主要由三部分知识构成：一是政策本身的知识，即政策过程知识和政策过程中的相关知识；二是哲学和政治学、经济学、管理学、社会学、法学等社会科学知识以及部分自然科学知识；三是隐性知识（Tacit Knowledge）（Polanyi，1966）和经验知识。政策知识需要涵盖这三部分知识。

维度三：问题定位和结果定位并重。社会问题是复杂的，政策科学必须以问题为导向，即要发现、筛选和解决现实社会中出现的问题，努力维护公共秩序和公民秩序，实现和提升人民的尊严。这是政策科学的基石，政策科学家要善于发挥智力活动的专长，做出应有的贡献。不仅如此，还要注重结果定位。只有将问题定位和结果定位并重，才能保证政策运行达到预期目的。如果政策科学家能够围绕问题定位和结果定位对政策运行过程开展研究，可能会取得更好的效果。政策运行过程包括问题界定、政策议程设置、政策设计、政策形成、政策贯彻落实、政策评估、政策更新更替和终止等。我们必须认识到以问题和结果为导向的政策运行过程极具复杂性，政策科学家要具有理论思维，并且能够总结和发现政策运行的规律。

维度四：情境定位。这里所说的情境是指解决问题的情境，我们都是在一定情境中遇到问题和提出解决办法的。因此，政策科学的情境定位有利于克服科学研究的碎片化特征。一个情境有五个要素：问题，情境的确定性（决定问题的意义），相关的陈述（从这些陈述中应该获得解决方案），方法论的指导（朝着解决方案前进的

"做"和"不做"），解决问题过程中的参与者（Batens，1999：7-31）。情境导向是建立在"对人的理解"与"洞察自我"相结合的基础上的（Torgerson，1985）。情境映射项目旨在逐步创造"整体感"，根据"总体布局"来定位细节（Torgerson，2017：335-350）。

维度五：方法定位。经验标准标志着科学与非科学的区别，强调决策标志着政策科学与其他学科的区别（Turnbull，2015：72-91）。政策科学研究需要使用多学科研究方法和交叉学科研究方法、民主参与的方法、系统方法、实证主义研究方法和后实证主义方法、解释学方法等，以提高政策科学研究的效果和效率以及研究的可靠性、可信性和科学性。

维度六：规范性和指导定位。政策科学要通过夯实规范性基础，突出引领作用，要为公共政策和政策分析以及经济政策和社会政策等专项政策研究提供知识、理论和方法，同时也从这些分支研究中汲取养分，在实践中不断提升自我。

维度七：民主集中制定位。民主集中制是一种政策能力和政策领导风格，贯穿于政策活动始终。

第五节　政策科学转变的新方向

一　从"旧"政策科学向"新"政策科学的总体转变方向

拉斯韦尔最初确立的政策科学是情境化的、问题导向的和多重方法的，并聚焦于利用科学研究来实现更大的人类尊严。德莱恩（DeLeon，1988：1）认为："政策科学面临的问题与其说是生存问题，不如说是以何种形式和朝着什么方向生存的问题。也就是说，当政策科学从学术幻想转向制度事实时，它们将呈现怎样的形态和价值?"他(DeLeon,1994a:77-95)进一步提出:"如果政策科学希望避免技术官僚的未来,并恢复其最初的拉斯韦尔章程——民主政策科学、政策过程知识和政策过程中的知识以及对规范性条件,特别是对人的尊严的基本关注,那么政策科学有三个主要步骤或任务:修订现行政策科学范式,发展更加民主的程序和专注于政策定义和设计。"

凯尼和韦布尔(Cairney and Weible,2017:619-627)认为,政策世界的变化,需要引入一门建立在这些目标之上的新政策科学。这种新政策科学不是与旧政策科学的隔断,而是继承和发展。"对拉斯韦尔来说,政策科学的探索行为包括政策分析和政策过程的整合。政策过程研究提供了问题的背景,政策分析提供了面向问题的建议。但许多政治学家却拒绝了他的呼吁,大多数学者没有将政策分析和政策过程整合在一起。如今,人们大多使用'政策科学'这个术语来模糊地指代公共政策领域。尽管学者引用或赞扬了拉斯韦尔,但他最初的愿景已经被淡化为一些规范性的信息。要向前迈进,就需要有一个更切合当今挑战的新愿景。"因此,他们提出新的政策科学需要纳入政策分析和政策过程研究,新政策科学应当更加关注以下几个方面。第一,使用心理学和认知科学来描述选择的艺术,在这种艺术中,人们使用可靠的捷径来收集信息以便做出足够好的决策。第二,使用多种政策过程理论来描述政策情境的不断变化的复杂性。第三,能做到这一点的最好方法是将该领域的应用科学和基础科学结合起来。

德莱恩的建议以及凯尼和韦布尔的新政策科学具有重要的启发意义,但这种新政策科学仅仅是对旧政策科学的深度挖掘,并没有突破旧政策科学已有的框架。那么,构建真正意义上的、科学的新政策科学应当有哪些方向性的选择呢?本节认为,除了三位学者提出的三个关注点，我们还需要从以下三个方面推陈出新。第一，"问渠哪得清如许，为有源头活水来。"我们需要为政策科学注入新的思想源泉，寻找政策科学的新基石，加厚新政策科学的思想基础。第二，引入"民主集中制"概念，用民主集中制的政策科学将政策分析和政策过程整合起来，突出民主集中制的制度优势。第三，将问题导向扩展到结果导向，以便将整体政策运行过程有效地连接起来。

总之，要保持政策科学的活力、生命力和可持续发展，就必须为政策科学注入新的元素，不断延展政策科学的研究范围，挖掘政策科学的深度，革新政策科学的研究范式。

二 四个具体转变的新方向

1. 从单一的实用主义思想向多元思想转变

无论是政策制定还是政策科学都需要哲学知识基础，这两者部分相互独立、部分相互重叠。政策科学必须更多地关注政策科学自身的基本问题，才有机会向前发展。基本假设、哲学知识和政策科学的社会功能都需要重新阐述和重新思考。由于政策科学与一般社会科学差异过大，就社会科学发展水平来说，依靠社会科学提供思想基础是不合适的，因此，政策科学要注重自身基础的发展。（Dror, 1986：221-222）政策科学起源于实用主义哲学思想，但随着世界经济、政治和社会的巨大变迁，实证主义不足以处理政策科学的诸多问题，所以政策科学的思想基础必须从单一的实用主义思想向多元思想转变，以便适应、解释和预见更加复杂的现实政策领域实践。具体要实现以下四个转变。

第一，实用主义属于西方哲学，我们没有必要排斥它，应当总结实用主义的合理要素，继续挖掘实用主义的潜在解释力，为我所用。

第二，寻找新的哲学思想来源，如从科学哲学、政治哲学、伦理学、历史哲学、过程哲学、生存哲学、分析哲学、人文哲学和社会哲学等哲学中寻找科学的和合理的解释，以便增强政策科学思想的厚重感。尤其是要注重和研究中国传统哲学，如儒家思想、道家思想等对政策科学的意义。

第三，引入理型论、认识论、价值论、意识论、知识论、解释学、符号论和现象学等，从中寻找科学的见解和理性的成分，以拓宽政策科学的思想分析范式。

第四，最重要的一点，是用马克思主义哲学和中国特色社会主义理论体系来推进政策科学的转变和发展。一方面，必须把马克思主义的唯物辩证法和唯物史观中的认识论和实践观作为新政策科学的基石；另一方面，习近平新时代中国特色社会主义思想是中国特色社会主义理论体系的重要组成部分，为了适应新时代变化的要求，我们如何从习近平新时代中国特色社会主义思想中提炼和衍生出指导新政策科学发展的新思想，虽然极具挑战性，但必须做。只有做到并做好这两点，才能将新政策科学真正梳理起来，真正增强新政策科学的说服力和话语权。

2. 民主政策科学向民主集中制政策科学转变

民主政策科学更多地强调公民参与决策，黑尔（Hale，2011：215-232）认为："这种民主不是让许多人参与实际的政策决策，而是要求政策分析人员设计并积极实践各种方法，以便招募公民并将其个人观点纳入政策制定过程。这代表着将忠实的个人偏好转化和整合为公共政策。因此，人们将对制定了自己的发展政策的政策更有信心。"尽管民主政策科学符合政策运行的内在要求，但问题是民主政策科学似乎只讲了决策过程的前半段，至于如何处理参与决策过程中收集到的信息以形成最终决策这后半段则以另一种方式描述和阐释，民主和集中二者是分离的。虽然西方政策科学家也探索如何将民主参与和最终决策连接起来,但缺少一个明确的概念来统领,因此需要提出"民主集中制政策科学"这一概念。民主集中制是民主基础上的集中与集中指导下的民主相结合的制度。民主集中制政策科学倡导"政策共享"的理念,能够很好地体现"从群众中来,到群众中去"的决策方法并把它贯彻到政策领域中。民主集中制政策科学对政策制定者提出了更高的要求。面对新政策科学的要求,我们有必要采用理论和实证研究相结合的方式推动民主政策科学向民主集中制政策科学转变,探索民主集中制政策科学的内在规律等。

3. 从情境性向情境主义转变

情境指某物或事情存在或发生的境况,是一个复杂的环境。情境是帮助政府机构将知识与政策联系起来的框架,影响着政策活动如何发生。在政策科学领域将情境概念推进到情境性,拉斯韦尔做出了首要贡献。拉斯韦尔(Lasswell,1971:4)在他的最后一本专著《政策科学预观》中总结到,政策科学必须努力实现的三个基本属性中,第一个就是情境性。拉斯韦尔认为:对于政策科学家来说,情境性是一个不可回避的主题。专业地关注公共政策就是专注于整体,并寻找发现和澄清集体行动(或不行动)对人类状况的过去、现在和未来影响的方法(Lasswell,1971:14)。在"多样性"的分析中,拉斯韦尔绘制了政策过程的情境图像。如何理解和分析政策科学中的"情境性"概念,一个焦点是开发适当的框架和工具,使我们能够以更强大和更有洞察力的方式识别、量化和推理情境。所以我们还需要将情境性推进到政策认识论分析框架下的情境主义。

各种各样的认识论理论有时候也被称为情境主义/情境论(Contextualism)(Cohen,1998:289-306),认识论情境主义主要关注知识的归属(McKenna,2015:489-503),它只是一个关于知识属性的理论。当代认识论中最重要的运动之一是认识论属性或情境主义。

这一观点认为一个信念的认知状态，也就是说目标信念是否为知识的实例，在很大程度上取决于情境因素（Brady and Pritchard, 2005: 161-171）。

4. 从问题导向向结果导向转变

以问题为导向是拉斯韦尔政策科学研究中的第二个关键要素，但随着政府在特殊政策领域活动的逐渐扩张，很少有全新的活动等待政府介入，政策空间越来越拥挤（Hogwood and Peters, 1982: 225-245）。现实的情况是确定问题不是什么难题，反而，政策出台后运行效果如何、是否达到政府的预期目的成为政府更加关心的问题。目前政策结果框架研究应运而生，已经有不少国家的中央政府和地方政府在社会公正、卫生、社会服务、交通、遗产保护和生物多样性等领域研发和出台了或即将出台一系列结果框架和结果指标，作为有效考核政策业绩的政策工具。但这些政策结果框架的研究和政策文件只针对具体政策，未来的结果导向研究需要聚焦以下四个方面。第一，将问题导向延伸到结果导向，并将二者有机结合起来，使二者共同作为政策科学的第二个关键要素。第二，结果框架不仅要继续研发业绩考核指标，更要探索政策运行过程中影响政策结果的因素，如贯彻落实过程中的影响因素。第三，探索情境中的影响因素，如制度因素、文化因素和智力输入等。第四，政策结果的影响力研究。一项政策是否对其他领域产生正负效应以及对未来的影响等都需要深入研究。乐观地讲，结果导向的研究将会对政策科学领域的知识整合、理论整合和议题整合产生革命性的影响。

在政策科学转变的新方向中最重要的是从民主政策科学向民主集中制政策科学的转变，所以下一章将重点阐述民主集中制政策科学。

总　结

回顾政策科学70余年的发展历程，我们可以发现，政策科学具有以下三个优势。第一，能够把社会科学知识、部分自然科学知识、政策本身的知识和隐性知识等各种知识整合起来。第二，既能满足理论需求也能满足实践需求，既有高度也能接地气，即所谓的"顶天立地"。第三，从事政策科学研究可以开阔眼界、增加厚度、提高研究者整体驾驭知识的能力。前人的贡献和政策科学的优势激励着我们突破原有的政策科学边界，沿着交叉研究的路线，勇于在政策科学的哲学分析、政策理论的类型和建构、政策活动和专项政策的研究等方面继续开拓进取。尤其是在中国政策实践中积累了大量素材，值得我们在吸收已有政策科学有益成果的基础上大力开发。只有这样，才能提高中国在政策科学领域的话语权。

第二章　政策认识论和政策科学

政策是一种实践活动，政策科学是一种以政策为主题的应用研究。当我们从事政策科学研究的时候，需要思考的是：我们的任务不能只满足于对政策活动进行经验分析和一般性理论概括，还要满足于从哲学认识论中寻找指导政策科学的元素，并运用认识论来解释、构建一个可以回答经验问题的政策学说。实际上，政策科学家已经探索了政策科学的认识论观点，我们需要对此做进一步深化。

第一节　认识论和政策科学研究回顾

一　哲学的政策意义

哲学是一种质疑的方式，它永远不会停留在一个既定的理论中，因为"它依赖永恒的好奇心和对无限探索的追求"（Stroud，2001：25-46）。哲学的目标是指导正确的行动，它为政策提供想象力工具（Nussbaum，2001：121-152），并具有激发人们更好地理解替代性政策路径的优点（Cohen，2018：xi-xviii）。它还为理论和政策之间的调解提供原则（Thompson，1985：205-218）。而政治哲学则为制定公共政策提供特有的知识并在设计新政策或捍卫现有政策中扮演重要角色，表2-1显示了六种介入讨论公共政策议题的政治哲学模型，即锡拉丘兹模型（Syracuse Mode）、罗尔斯模型（Rawlsian Model）、价值多元模型（Value Multi-varzate Model）、程序主义模型（Proceduralist Model）、绿野仙踪模型（Wizard-of-Oz Model）和瞎扯模型（Bullshit Model）（Kulenovic，2014）。如果哲学为政策提供了一般的指导意义，那么作为哲学认识论对政策科学研究的指导意义就更近了一步、更具体了一些。

表2-1　介入讨论公共政策议题的政治哲学模型

模型		主要观点及优缺点
锡拉丘兹模型	观点	希望公共政策由一个哲学原则或一套或多套原则来指导
	优点	一是在决定政策议题时，至少在决策者自己看来，应该是这样；二是对现有政策的任何修改或彻底改变都必须从考虑哲学家提出的抽象原则开始
	缺点	似乎只有在采取自上而下的方法时才有效，应该对这种方法持怀疑态度。更重要的缺点是它基于两个前提，而这两个前提是今天大多数政治哲学家所拒绝的：一是当应用于政策问题时，有一些客观的原则可以作为有力的论据；二是我们可以令人信服地表明，有一个单一的理论原则优于所有其他选择
罗尔斯模型	观点	依赖嵌入特定学术界的道德和政治传统中的潜在核心价值和概念，试图通过宣布某些论点不合理来将它们排除在政策辩论之外
	优点	可以容纳不只一个选项，甚至努力在这些不同的选项之间达成妥协。它不一定依赖自上而下的方法；它可以更容易地融合经验主义的见解，而无须解释它们，因此它们与抽象的哲学原理兼容
	缺点	这种模式不可避免地必须建立一种标准，允许它排除某些选项和为证明这些选项而调用某些类型的参数
价值多元模型	观点	有三个使命：一是为正在讨论的不同选项提供最好的哲学辩护；二是表明没有一个优越的原则可以使决策更容易，不同选项基本上是不可通约的；三是为一个选项提供坚实的论据，也指出将会失去什么

续表

模型		主要观点及优缺点
价值多元模型	优点	一是允许讨论不同的选项，而无须先验地消除其中任何一个选项，并赋予它们所有的道德权重，因此即使必须采取一个选项，其他选项也不会被掩盖；二是引入新政策，即使政策被证明是成功的，也是要付出代价的，推广某些价值观意味着必须牺牲其他一些价值观
	缺点	如果不同的选择是不可通约的，我们基于什么理由选择一个选择而不是所有其他选择？
程序主义模型（Proceduralist Model）	观点	没有一种最好的方法来处理政策困境，我们可能无法在某种预先确定的尺度上对不同观点进行排序。该模型并不努力寻找它认为最好或最不痛苦的选择，它的目标只是让不同选择有相同的机会被听到
	优点	不必解释为什么我们选择一个选项而不是其他不可通约的选项
	缺点	在决策过程中，我们最终必须做出决定，即使这个决定是坚持现状。程序主义者对一个问题没有答案：我们应该选择哪种政策？这种模式将政治哲学的影响仅限于确保遵循适当的程序，但它剥夺了哲学家为一种政策解决方案而不是其他方案进行辩论的机会
绿野仙踪模型（Wizard of Oz Model）	观点	使命不是推广某些原则或确保各方都有发言权，而是为公共政策辩论中引用的概念、原则和论点拉上帷幕，并充分揭示它们。这种模式是双向的：通过揭示幕后是什么，可以发现不同的理论和论点，当这些理论和论点被应用于公共政策领域时，可以了解其如何以及是否起作用
	优点	这种模式赋予了哲学家真正可以发光的角色，对被认为是常识或直觉正确的假设提出质疑一直是哲学家的强项
	缺点	揭示某些政策解决方案背后隐藏的假设缺点：解决方案可能不是最受欢迎的，或者说，不是应对政策挑战的最有效的方式，因此提倡绿野仙踪模式的哲学家可能不会为政策建议做出贡献。如果参与决策过程的哲学家有新的见解，决策者可能不会太感兴趣。他们感兴趣的是政策，而不是哲学

续表

模型		主要观点及优缺点
瞎扯模型 （Bullshit Model）	观点	如果没有激烈的争论，如果没有伟大的真理可以通过公共政策来实现，如果所有的概念都是有争议的，那么一个参与公共政策制定过程的政治哲学家表现得像现代诡辩家一样可能是有意义的
	优点	政策制定者可能会很乐意雇用一位哲学家，他准备用哲学的观点捍卫他们的首选立场，并诋毁他们的政治对手
	缺点	这种模式的倡导者是否应该称自己为哲学家是有疑问的。造就哲学家的是努力追求的目标，而不是交易工具

资料来源：Kulenovic，2014。

二 政策科学的认识论观点

（1）分析政治事件所构成的情境（Context）对政策科学发展的影响，重要的一点是从认识论的视角思考政策科学的发展，政治科学的发展反映了现有智力工具和情境之间的共生关系（DeLeon，1988：36）。

（2）针对科学的政策科学及其知识积累，进化认识论旨在描述知识积累的过程，而不是提供分析基础（Brunner，1982：115-135）。"科学"在政策科学的认识论中被理解为系统的、经验的探究（Brunner，1991：65-98）。

（3）中心理论（Central Theory）包括从许多时间、空间和文化背景中提炼出来的最基本和最抽象的命题，并且与最大化假设相一致。政策科学中的中心理论长期以来一直令人满意地发挥着这种启发性的功能（Brunner，1997：191-215）。

（4）多元主义认识论的观点。多元主义是认识论中关于情境的一个关键概念（Batens，1974：83-103），情境和解决问题的关系可以用政策科学的认识论多元主义来理解。情境的确定性、相关信念和方法论指南指导着对问题的解释和解决。积极的多元化有助于解决问题。

（5）实证主义方法论和政策科学家立场的认识论观点。布鲁纳（Brunner，1991：65-98）认为：第一，实证主义及其替代选择是认识论，旨在阐明我们能知道什么，我们如何能知道它，以及我们如何能知道我们知道它。第二，在政策科学认识论中，行为的选择性特征由最大化假设描述，最大化假设是政策科学中唯一的假设。第三，政策科学家必须了解自己作为决策和社会过程的观察者和参与者的立场。第四，政策科学的核心原则是最大化假设，最大化假设把人类尊严原则作为一项建议，为理解政策的"改进"奠定了基础。这些核心原则有助于解释和证明政策科学的研究和实践标准。

三　公共政策和政策分析的认识论观点

（1）公共政策理论的认识论观点。务实的伦理学家应该更多地关注信仰，并对道德、个人和制度形成更复杂的概念，从而更好地为公共政策服务（Buchanan，2009：276-290）。

（2）复杂性理论（Complexity Theory）的贡献在于让我们认识到现实的复杂性和知识过程中产生的不确定性。对于政策来说重要的一点是，复杂理论的本体论和认识论的含义支持了那些认为政策知识具有情境性但其概括性有限的观点（Morçol，2012：144-145）。

（3）后实证主义政策分析的认识论观点。为推动后实证主义的政策分析，需要用论证转向（Argumentative Turn）概念作为政策分析的新取向，因为论证转向可以作为决策和规划中理论和分析的基本概念工具（Fischer and Forester，1993：1-17）。作为一种解释取向，政策分析中的论证转向理解社会现实和对社会现实的经验观察只存在于用于思考社会现实的知识结构中（Fischer，2013：95-114）。

（4）政策变迁的认识论观点。为了界定政策变迁的构成，理解和解释政策变迁的原因、时间和方式，更好地掌握政策变迁的本质，需要从认识论和理论角度解决一些分析性问题，需要构建一个政策变迁框架——认识论和理论一致性的选择，以便今后对政策变迁理论的认识论和理论的一致性和有效性做进一步的理论思考和实证研究（Capano，2009：7-31）。

已有的研究只是从认识论的视角分析政策科学的多个议题，并没有对政策科学进行系统完整的认识论阐述，但政策科学家从知识、政策科学发展、理论、多元主义认识论、实证方法、政策科学家立场等方面阐述了政策科学的认识论观点，以及公共政策理论、后实证主义政策分析和政策变迁的认识论观点，为我们完善政策认识论、探察政策科学认识论对民主集中制政策科学的作用打下了良好基础。

第二节　政策认识论的再构造

一　认识论和政策知识的关系简述

知识是一种特殊的信仰，包含承诺因素和真相因素（Kurzman，1994：267-290）。认识论或称知识理论，是哲学的一个领域，涉及人类知识的性质和正当性（Hofer and Pintrich，1997：88-140）、知识的性质和范围、知识的前提和基础、知识主张的可靠性等（Nodoushani，1999：557-571）。马克思认识论认为，获取知识的过程是一个积极的、建设性的过程，知觉、感知和认知主体创造了他头脑之外的现实对象（Israel，1971：145-150）。而政策科学是一种寻求产生经验知识的探究形式（Reynolds，1975：1-18），可以理解为政策过程知识和政策过程中的相关知识（Lasswell，1970：3-14）。

在政策领域里，如何同时探察和证明属于人类意识领域的同一政策命题的经验可能性（或不可能性）和逻辑可能性（或不可能性）（Brent，1975：209-224）。政策介入者以某种方式看待政策，并给出他们主张的经验证明，而我们需要证明的是他们的世界观是否连贯及是否符合逻辑。如果说认识论是从哲学这样一种更高层次上研究一般知识的，那么政策科学更侧重从应用层面研究更为专门的知识。从某种意义上讲，政策科学是认识论在应用科学领域的应用和延伸。如何消除对科学的认知压迫（Epistemic Oppression）和持续的认知排斥（Dotson，2014：115-138），对于如何谋划政策知识研究和采用何种方法研究政策知识，政策科学家的认识论取向是决定性的，原因有以下两点（Dotson，2018：129-154）：第一，政策科学家对某些主张和/或论点的表达占据着可支配的认知权力（Epistemic Power），这种特权与一个政策科学家在知识拥有、知识归属、知识生产和/或知识创造方面的认知地位（Epistemic Status）相关联。第二，像许多其他社会科学家一样，政策科学家预先假定了整个哲学框架和认识论系统，在这个系统下，政策科学家的功能和政策知识的意义是由正在研究的政策系统所形成和决定的。

正因为认识论和政策科学的关系，所以才要深化政策认识论的概念，探索政策认识论对民主集中制政策科学的意义。

二 理解政策认识论

在政策认识论（Policy Epistemologies）研究上，霍尔（Hall）、扎尔金（Zarkin）和费舍尔（Fischer）做出了重要贡献，本节以他们的观点为蓝本，尝试对政策认识论的定义、专注点和功能、分析层次和制度化建设进行再构造。

认识论是指个人或集体的信仰体系，政策认识论可能类似于一套连贯的学术信念,与科学范式并无不同(Hall,1993:275-296)。扎尔金(Zarkin,2006:174-193)认为:第一,政策认识论是一种普遍存在的世界观,它界定了政策制定者可以考虑的选择方案。第二,政策认识论更多的时候是由一种共同的语言、一套松散耦合的思想和标准组成的,这些思想和标准为政策制定者提供了一种解释行动和利益的方法。第三,政策认识论很可能在高度知识化的政策领域占据主导地位,需要对伴随专业知识而来的经济、技术和社会环境进行理解。同时,政策认识论的内容随着不同政策领域存在的不同社会、群体和制度互动模式而变化(Zarkin,2003:34)。费舍尔(Fischer,2013:95-114)认为,第一,经验政策科学不能独立于规范性建构而存在。沿着一个解释的连续体重新将经验和规范的探究概念化,为寻求这些问题(公民参与)的答案提供了一种政策探寻方法。可以将这种研究称为"政策认识论"。第二,政策认识论的基础是实证和规范、定量和定性研究之间的相互关系。传统的政策分析侧重提出和评估解决问题的技术方案,而政策认识论则研究解释性判断产生的方式和使用知识的方式。

以上三种政策认识论的定义侧重点各不相同,一个强调政策认识论的学术信念,一个强调政策认识论的思想和标准,一个强调政策认识论的方法。综合来看,政策认识论的定义包括以下三个层面的内涵。第一,它是一种价值观,是个人或集体针对政策观念的一种信仰体系。第二,它由一种共同的语言、一套松散耦合的思想和标准组成,这些思想和标准为政策行动者提供一种开展政策活动的知识和指针。第三,它是一种政策探寻方法。政策认识论的基础方法是探索实证和规范、定量和定性研究之间的相互关系。另外,费舍尔(Fischer,2013:95-114)侧重从方法角度提出的政策认识论的三个专注点值得被关注。第一,政策认识论专注于研究人们如何构建他们的政策论证。第二，政策认识论探索如何打开经验/规范的鸿沟，以促进更密切、更有意义的沟通交流。第三，政策认识论关注信息的运动和使用、不同类型的信息与决策的特定关系等。

三 政策认识论的方法论分析层次

政策认识论有描述性政策认识论、分析性政策认识论和规范性政策认识论三个方法论层次。

（1）描述性政策认识论。描述性政策认识论的主要任务是确定政策知识的来源和获取政策知识的方式。在政策认识论中，描述性知识是可以用陈述句或指示性命题来表达的政策知识。

（2）分析性政策认识论。分析性政策认识论的主要任务是分析关键的政策认识论的概念或术语，如知识、情境性、民主等。分析包括解释或定义有问题的政策概念或术语，并且可能在它们模糊或混乱的地方进行精确或精炼的分析（Goldman，1985：29－68）。

（3）规范性政策认识论。规范性陈述是对事物应该如何的主张。规范性政策认识论主要涉及我们应该如何形成合理的信念，获得真理和知识，以及提供知识的基本来源等（Kyriacou，2020）。规范性政策认识论是制定规则或陈述原则的方法，政策认识论有三种规范性工作。第一，提供认识论的建议，它为改善政策的认知状况提供指导。第二，评价解释政策中的概念。第三，用科学的世界观来调节政策。

在实际的政策认识论研究中，这三个方法论是交织在一起的，没有纯粹的描述性政策认识论、分析性政策认识论和规范性政策认识论。此外，政策认识论的研究还可以分为以主题为中心的分析、以归属性为中心的分析、以结构为中心的分析和以系统为中心的分析四种不同的研究范式（Dotson，2018：129－154）。

四 政策认识论的功能

政策认识论的主要功能可以从意识形态层面和经验层面来概括。从意识形态层面来讲，政策认识论的主要功能有以下五个。第一，政策认识论为政策活动提供一种坚定学术信念的想象力工具。例如，为了给"循证政策"的基本假设提供更精确的解释，可以借鉴一个被称为"过程可靠性"的认识论立场，来分析该信念的正当性（Sayer，2019：241-258）。第二，政策认识论形成的思想和标准为政策行动者提供一种开展政策活动的指南。第三，政策认识论对于多元主义认识论关于情境的确定性、相关信念和方法论的指南指导着对问题的解释，特别是为分析政策活动提供情境性视角。第四，政策认识论可以为指导规定和规则提供基础性和系统性的理解和解释。第五，政策认识论为在理论和政策之间的融合提供原则。

从经验层面来讲，政策认识论的主要功能有以下五点。第一，可以描述政策知识积累的过程。第二，可以促进政策论证、跨界沟通和思想交流、信息的流动和使用等政策行动。第三，从政策认识论中可以引出政策替代方案。第四，可以作为决策和规划中理论和分析的基本概念工具。第五，可以更好地掌握政策变迁的本质。

总之，政策认识论为政策行动/活动提供指针和把握方向。政策认识论对于政策科学的意义是多方面的，本章重点选择三个议题进行分析和设计，即政策认识论指导下的政策科学的政策知识制度化安排框架、政策科学的情境主义分析框架和民主集中制政策科学的关键分析指南。需要注意的是，理想化的政策科学认识论指向规范性的、规定性的而不是描述性的政策分析，而且下文提出的政策知识制度化安排框架、政策科学的情境主义框架和民主集中制政策科学的关键分析指南不是穷尽性的，只是一些关键性的。

第三节 政策认识论指导下的政策科学的政策知识制度化安排框架

政策知识有三个来源：自然科学、哲学和社会科学。行为科学的知识是政策知识的第一个重要来源；从政策实践本身所获得的知识则是政策知识的第二个重要来源；隐性知识扩大了政策科学领域政策知识研究的范围，接受隐性知识（Tacit Knowledge）和经验是政策知识的第三个重要来源（Dror，1970b：135-150）。政策知识的制度化安排就是要规范政策活动过程中的知识使用，可以从以下几个方面进行初步设计。

（1）制度化政策知识的来源。

第一，通过在认知过程中赋予对象意义，在更高层次的抽象-符号行为上来推动政策知识和政策理论的发展；如何理解认知建构与实践过程之间、意识形态和政策科学之间、集体的政策知识和集体的政策认知者之间存在的辩证关系，以及提供政策知识可能存在的条件及其局限性。

第二，当知识进入政策活动的视野后，明确它的社会责任，提高它的规范性、规定性、客观性和政策导向。

第三，发现和总结通过政策实践、政策学习和政策借鉴获得的政策知识。

第四，政府帮助政策咨询机构改进制度设计和提高它们提供咨询的质量。当然，政策制定者如何尊重政策知识这一议题仍值得探讨。

第五，隐性知识作为一种新的实践认识论，可能探索实践者在解决日常实践问题时亲自调用的过程（Raelin，2007：495-519）。尽管隐性知识包括无法用语言表达的知识、很难解释的知识、直觉和"形体知识"（Bodily Knowledge）等（Hager，2000：281－296），但政府一定要注意从一线政策实践者那里收集和识别隐性知识，特别是将情境和隐性知识联系起来，通过情境分析来识别隐性知识。

（2）制度化知识效应：社会科学知识在政策过程中的政治用途。

第一，处理学术与解决问题的辩证关系（Waitzkin，1968：408－419）。社会科学取得进步的一种方式是采取一种更加面向解决方案的方法，首先从一个实际问题开始，然后询问必须运用什么理论和方法来解决它（Watts，2017：1－5）。社会科学还是要像自然科学一样，努力通过开发强大的获取知识的技术方法来补充而不是取代常识（Mitchell，1926）。如果社会科学研究要对解决由于科学对社会的影响而产生的问题做出最佳贡献，它当然必须使它的发现为政府领导者和大众所理解，并找到在他们中间传播这些发现的适当方法（Wirth，1947：143－151）。

第二，知识蔓延（Knowledge Creep）。把新的信息和想法渗透到人们的意识中，改变问题框架和替代方案的设计方式（Weiss，1980：381－404）。

第三，知识转移（Knowledge Shifts）（Daviter，2015：491－505）。当政策权力被重新分配给新的决策机构时，相互冲突的信息进入政策过程。在这种情况下，以前决策的信息基础被新的知识库所取代，现有的政策制度被取代。因此，相互冲突的知识没有被纳入现有的政策结构，而是在取代这些结构方面发挥了重要作用。

第四，提高政策科学家的政治影响力，调节政策科学家和政策政治家的冲突，协调他们在政策活动中的一致性。

（3）制度化研究效用：连接研究和政策。

研究效用是综合、传播和使用研究产生的知识来影响或改变现有政策实践的过程。

第一，研究者为政策制定者提供思想观念、方向和经验概括等知识背景；侧重开发可供决策者和专业人员使用的不同知识；在寻求具体答案的同时，强调为问题的解决创造条件。

第二，研究者从政策制定者的规范中了解问题是什么、目标是什么，以及哪些替代手段对于实现目标是可行的（Weiss，1977：531-545）；通过提供相关的知识、信息、经验证据和结论来帮助解决政策问题。

第三，那些参与制定政策的人不仅从社会科学家那里寻求信息，还从其他各种来源寻求信息——行政人员、实践者、政治家、规划者、记者、客户、利益集团、朋友等（Weiss，1979：426-431）。

第四，政策制定者通过知识塑造政策、政治塑造知识、联合生产知识和自治产生知识这四种不同的方法来达到目的（Boswell and Smith，2017：1-10）。

第四节 政策认识论指导下的政策科学的情境主义分析框架

最近的认识论出现了一个转向，即从知识的角度来理解支配各种实践的规范。引人注目的是，这些规范被认为是支持和反对认识论情境主义的论证点。知识规范是声称知识对于某件事的适当性是必要和/或充分的规范。这是一种需要，不仅要考虑知识，还要考虑规范和规范性（Worsnip，2017：177-189）。政策认识论指导下的政策科学的情境主义分析框架可以从以下三个方面构建，共有14个要点。

（1）政策认识论的情境主义观。

要点1：政策认识论的情境论不仅需要理论化，还需要操作化，把它看作政策行动的组成部分（Pollitt，2013：xv-xx）。

要点2：认识论情境主义认为没有单一的知识标准，知识的门槛（阈值）或高或低取决于我们的情境（Virtamen，2013：3-21）。那么，如何用政策科学的情境主义分析框架确定政策知识的阈值？

要点3：政策知识和政策知识创造的政策情境是什么（Virtamen，2013：3-21），如何从概念上和实际上的政策情境形成政策知识的情境性、内容和有效性？

要点4：作为政策情境的制度和政策情境中的制度，如何嵌入政策情境和政策知识中，如何塑造政策知识和政策情境，又如何被政策知识和政策情境塑造？

要点5：寻找政策情境在政策行动、治理和变迁过程中起效应的因素和机制。

(2) 政策认识论的情境主义理论和政策科学的情境性。

要点6：虚拟条件下的情境主义和情境性。在政策知识标准异常高的情况下，我们拒绝什么，接受什么和用什么来解释接受的合理性（McKenna，2015：489-503）？

要点7：相关替代论的情境主义和情境性。认识论情境主义的主要动机可能是知识的相关替代理论（Black，2020）。将政策知识视为一种证据状态，在这种状态下，要保留哪些，消除哪些已知的所有相关的替代知识（Dretske，2000：48-63）？

要点8：解释性情境主义和情境性。对政策知识的分析产生了情境敏感性（Rieber，1998：189-204），情境敏感性需要解决哪些怀疑论难题以及如何解决？

要点9：证据情境主义和情境性。对于政策知识的标准，我们应该理解怀疑论者是在限制什么可以作为证据（Cohen，1998：289-306）。

要点10：作为知识理论的情境主义和情境性。如果说"独立于所有情境、学科和其他情境变量因素，一个命题不具有任何认识论地位"（Williams，1996：119），那么如何识别政策知识的情境、学科和其他情境变量因素，这是情境性要考虑的事情。

（3）政策认识论的情境主义视角和政策科学情境性的方法论。

要点11：一方面，情境主义作为政策科学的一种方法，需要探索特定情境下的政策活动事实如何能够为有关情境下的政策活动实例的规范性判断提供信息。另一方面，在政策情境性分析中，用何种和如何运用方法论描述和建立政策规范和规范性，以及如何证明政策规范和规范性的正当性。

要点12：可以用一种什么样的独特的方法论原则或一套行为学原则集中阐述政策情境性和政策知识的归属？

要点13：如何设计考察政策情境性的定量和定性指标，用何种方法收集、加工和处理政策情境性证据？关于情境性真理的实质性观点的争论是否取决于潜在的方法论争议（Gao，Gerken and Ryan，2017：81-93）？

要点14：功能情境主义者试图使用基于经验的概念和规则来预测和影响事件（Biglan and Hayes，1996：45-57；Hayes and Wilson，1993：283-301；Gifford and Hayes，1999：285-327）。在考虑功能情境主义如何增加研究目的和目的的实现时，有必要考虑这种方法如何影响主要研究资料收集和分析的实用性。

第五节　政策认识论指导下的民主集中制政策科学的关键分析指南

拉斯韦尔（Lasswell，1951：3-5）在正式提出"政策科学"的概念时，就把民主政策科学作为政策科学五个要旨中的一个，民主政策科学将重点放在与更充分实现人的尊严有关的知识的发展上，后继政策科学家也不遗余力地阐述民主政策科学。政策科学将民主视为一种制度，通过让认识上不同的认知者参与进来，汇集关于公共利益问题和政策的广泛传播的信息（Anderson，2006：8-22）。解决方案是否有效取决于公众认为哪些（可能是意想不到的）后果是可接受的，而这反过来又部分取决于民主决策过程。因此，民主制度的成功标准部分是决策过程的内部标准，部分是决策过程的外部标准（Richardson，2018）。政策科学倡导的民主决策过程无疑是正确的，但"提出今后政策科学应当促进民主与科学的融合以及跨学科研究，紧密结合中国的实际情况，创新政策科学理论与方法，推动中国政策科学的繁荣发展"还不够（郑石明，2020：87-101），需要推进到民主集中制政策科学（李兵，2021：68-77）。

民主集中制最早是由列宁提出来的。毛泽东结合中国实际，进一步发展了民主集中制的内涵，它是民主的，又是集中的，就是说，在民主基础上的集中，在集中指导下的民主（《毛泽东选集》（第三卷），1991：1057）。民主集中制中的民主与集中既不是形而上学的机械对应关系，更不是照搬照抄拼凑对立的关系，而是相互支撑、相互作用、相互依存的辩证统一体（黄蓉生、丁玉峰，2019：51-58）。民主集中制是国家治理体系的制度核心，是提高国家治理能力的重要保证。以此推论，民主集中制政策科学的哲学基础是马克思主义认识论。当然，它也充分吸收了其他哲学分支，如实用主义的合理成分，马克思主义政策认识论的民主集中制政策科学分析指南具体体现在以下五个方面，有以下14个要点。

（1）马克思主义知识的逻辑和理论，帮助我们分析哲学和政策科学之间的联系，同时，不放弃其真正的科学性和公开的党派性（Chakraborty，1982：40-55）。

要点1：如何就民主集中制政策科学形成一种政策治理框架和治理机制（李兵，2018：43－49）？

要点2：在政策科学中寻找全面概括和具体调查之间的密切联系。

要点3：如何就民主集中制政策科学形成一种规范的价值判断和以人民为中心的立场？

（2）马克思主义辩证法认为政策理论和政策实践是一个单一的实体。马克思政策认识论认为，人是否有客观的政策思维能力的问题本质上是实践性的，而不是理论性的。马克思政策认识论帮助民主集中制政策科学分析政策思想和政策行动之间不可分割的关系，"因为认识的目的是行动，只有通过观察行动才能知真相"（Rytina and Loomis，1970：308－318）。

要点4：政府政策制定者如何动员包括政府在内的社会各界，尤其是研究机构广泛参与政策研究，如何鼓励提出各种政策议题？

要点5：如何围绕着某一具体的政策实践活动，在一定情境中形成政策问题和政策思想？

（3）政策实践是政策理论的基础，反过来，政策理论又启发政策实践。政策实践为政策知识的发展提供了空间。马克思政策认识论帮助民主集中制政策科学分析的要点：政策实践是一切政策知识的源泉，是政策知识发展的动力，也是政策认识论的目的。

要点6：政府政策制定者如何支持社会各界围绕着某项具体的政策议题开展政策调查研究，发现问题，分析问题，提出意见和建议？

要点7：政府政策制定者如何组织研讨会和座谈会，或采取其他形式，认真听取各方面的意见和建议，如何收集各方面的政策建议和意见信息，就某项政策议题达成共识？

要点8：政府政策制定者如何就共识做出制定、实施和改进政策的判断和决断，并付诸行动？

要点 9：寻找衡量任何来源于政策实践和政策活动的政策知识正确性的标准。

（4）马克思主义的科学认知理论建立在历史唯物主义的基础上，因此，民主集中制政策科学应将研究政策实践的发展解释为整个政策发展过程的一个片段，可以在历史唯物主义理论中找到其最一般的方法。

要点 10：政策过程是阶段性的，如何在阶段性的政策过程中发挥民主集中制的功能，寻找对政策过程中每个步骤的认知，推动政策持续向前发展。

要点 11：如何探寻在阶段性的政策过程中民主集中制发挥功能的一般性方法和特殊方法？

（5）马克思主义认识论的反个人主义价值取向要求将社会决定因素而不是个人决定因素置于民主集中制政策科学观的前沿。

要点 12：探寻民主集中制政策科学的集体主义价值观、集体主义行动原则和方式。

要点 13：如何运用马克思主义政策认识论改进推动政策科学运动，丰富政策科学的方法论思想和具体运用？

要点 14：政策认识论对政策能力和政策领导力提出了更高要求。一是分析现代政府构建政策能力与保持政策一致性（Policy Coherence）之间的职能（Parsons，2004：43 - 57）。二是分析调动必要资源进行明智的集体选择的能力，特别是为将稀缺资源分配给公共目标而制定战略方向的能力（Painter，2002：77 - 100）。三是分析执行政策职能所需的技能和资源，或者能力和技能（Wu，Ramesh and Howlett，2015：165 - 171）。四是分析政策领导者的个性特质、领导艺术和风格、驾轻就熟的指挥能力和政治控制力。

总之，无论从认识论上看还是从实践上看，民主集中制作为一种决策制度，是贯穿政策活动各个环节的一根"红线"。民主集中制政策科学的提出不是对民主政策科学的否定，而是对政策科学的拓展、延伸、丰富和完善。在实践上，民主集中制政策科学能够体现出集体主义的作风和特点，即一种开放的、动员式的集中领导、集中智慧和集中资源解决政策问题的治理模式。未来从政策认识论角度研究民主集中制政策科学需要把握以下四个关键点。第一，民主基础上的"集中"机制。第二，寻找民主和集中的结合点。第三，处理好民主和集中之间的辩证关系。第四，探寻民主集中制政策科学研究理论和经验的结合以及从理论到经验分析的转变。

总　结

虽然本章的研究还不完善，但可以确信，政策认识论分析既拓展了政策科学的理论探索范围，又为政策科学的应用研究提供了方向性的线索，有以下四点需要关注。第一，西方的认识论思想内容丰富，如何梳理、吸收和借鉴其合理要素以便继续推进政策科学的发展，需要我们有清醒的认识。第二，如何致力于发展政策科学的马克思主义认识论，如何提高马克思主义认识论在政策科学中的地位，是一个亟须解决的议题。第三，如何从中国的政策实践中提取元素和提取什么样的元素来完善政策科学。中国传统文化中蕴含了丰富的政策观，政策科学需要从中汲取营养。第四，政策认识论的制度化建设。关于政策认识论的制度化建设，需要从以下两个方面入手。一是政策认识论的发展应当广泛借鉴社会建构主义的工作。政策认识论和论证转向应将视角扩展到应用政策分析和向决策者提供建议的目标和任务上，但同时需要不同的实践思维和思考模式。二是应当认识到，尽管稳定的行政当局的存在有助于认识论的制度化，但政策制定很少局限于一个单一的场所。更常见的是，政策是在更广泛的政策共同体（Policy Community）情境下制定的。鉴于政策共同体的多样性和不断变化的性质，认识论的制度化常常需要由一群志同道合的专业人士组成一个认识共同体（Epistemic Community）(Zarkin，2003：32–35)。

第三章 规范性和政策科学[*]

规范性（Normativity）遍及我们的生活。我们不仅仅有信仰：我们声称我们和其他人应该持有某些信仰。我们不仅仅有欲望：我们声称我们和其他人应该对其中一些欲望采取行动，而不是对其他的。我们假设某人相信或做的事情可以被判断为合理或不合理、对或错、好或坏，它要对标准或规范负责（O'Neill，1996：xi-xv）。规范性是哲学领域的一个重要的研究议题，"非自然主义者和非认识论主义者基于认识论的实践性和关于认识论的动机内在主义这两种主张捍卫认识论本质的规范性"（Maffie，1990：333-349）。规范性不仅对于发展认识论哲学、科学哲学和社会哲学等哲学理论必不可少，也是各门科学发展的坚实基础。事实上，规范性已经被应用到了法学、政策制定和科学定律等部分自然科学领域。因此，可以确信，作为一门规范科学的政策科学同样需要规范性的支撑。

第一节 规范性和政策规范性分析框架

一 理解规范性

规范性是人类社会中的一种现象，它将一些行为或结果指定为

---

[*] 本章曾发表于《中共福建省委党校（福建行政学院）学报》2021年第4期，作者李兵、刘润东，内容有修改。

好的、可取的或允许的，而将其他行为或结果指定为坏的、不可取的或不允许的（Wikipedia，2021）。规范性本质上要求把某些事务状态规定为可通过行动实现的（Mets，2018：60-69）。哲学的规范性研究寻求理解规范性主张的性质和规范性的基本来源（Christensen，2012：104-112）。我们可以从以下四个方面来理解规范性的概念和属性。

（1）规范性是人类能动性的一个非常特殊的特征，是生命系统所固有的。规范性最好被理解为某些概念的属性：规范性思想是那些涉及这些规范性概念的思想，规范性主张是表达规范性思想的主张，而规范事实是使这种规范思想成为真实的事实（Wedgwood，2018b：23-45）。

（2）规范性是以基本方式组织我们知识结构的核心，为个人和社会（机构）行动者的有意识行动提供了运作的舞台（Valsiner，2019b：125-146）。规范性鼓励我们审视自己的假设，并陈述我们对事物"应该"（Ought）是什么样的感知（Robinson，2016）。

（3）规范性的要求支撑着我们最基本的实践：当我们评估行动是对是错、是好是坏、是正确还是不正确时，我们进行规范性的评估，从而将这些行动视为规范性的。尽管规范性确实是一种普遍存在的基本现象，尽管我们可以从标准、规则或规范的角度对规范性进行全面的阐述，但如何理解规范性的问题仍然是一个核心哲学问题（Satne，2015：673-682）。因此，检查规范性的根源需要整合概念研究和经验研究。

（4）规范性具有情境相对性（Context-relativity）的特点。规范通常适用于一个情境，但不适用于另一个情境，甚至有更多的非任意规范可以相对于情境。规范的一般性特征并不反对情境相对性，因为一个规范虽然适用于一般情境（即某一类别的所有情境），但并不排除它仅适用于某些情境（即不适用于其他类别的情境)(Schmidt and Rakoczy,2018:685-705)。情境相对论对于方法的意义在于"关于方法的规范性最初似乎不明显，但在审视研究的情境下可能会变得清晰"(Rothenberger,Auer and Pratt,2017:176-201)。

阐明了规范性的概念和属性之后，我们还可以从规范性类型的划分来加深对规范性的理解。

(1)实践规范性和理论规范性。实践/理论上的分歧通常被认为反映了规范在哲学上的必然差异(Reisner,2018:221-240)。

(2)三重规范性假定。第一，已确立的、通常未经检验的正当性的规范化规范性(Normalizing Normativity)。第二，推理原则的理性规范性(Rational Normativity of Reasohing Principles)，它允许甚至要求我们对这些形式的规范性提出质疑。第三，可以被视为合理地反映规范的世界的规范性。

(3)将规范性分为形式规范性(Formal Normativity)与稳健规范性(Robust Normativity)。"稳健"相当于"真实"或"真正的"，所有的规范性都是稳健规范性。形式规范性可以起到从属作用，因此形式规范性和稳健规范性是一般意义上的规范性的子类(Finlay,2019:187-219)。

(4)科学哲学将规范性划分为方法论规范性、对象规范性和元规范性(Metanormativity)。方法论规范性源于哲学家在选择、解释、评估和相互调整相关经验信息时所做的规范性假设，这些假设是他们哲学理论的基础。对象规范性源于这样一个事实，即哲学理论化的对象本身可以是规范性的。元规范性源于哲学理论所包含的一种主张，如关于科学应该是什么的规范性主张。区分这三种规范性产生了一个富有启发性的观点，即科学哲学是如何成为规范性的(Kaiser,2019:36-62)。

（5）将科学定律（I）规范性的产出分为明确的规范性（Explicit Normativity）和隐含的规范性（Implicit Normativity）两部分，一是可以发现，明确的规范体系的规范性在于规定在特定情况下的行为或这些行为的最终状态（Mets，2018：60-69）。二是可以发现，科学实践中隐含的规范性（Implicit Normativity）是规律性-说明（Regularities-account）的一种替代，也就是说，科学实践不能根据常规程序和活动来确定（Mets，2018：60-69）。

（6）"计算法学时代的计数"研究项目（COHUBICOL Research Project，2020）专注于法律的规范性含义。通过文本驱动的规范性（Text-driven Normativity）、数据驱动的规范性（Data-driven Normativity）和代码驱动的规范性（Code-driven Normativity）三种类型的划分，该项目断言，文本驱动的法律提供了不同于数据驱动的法律的规范性。这同样适用于代码驱动的法律，它提供了一种特定类型的强制执行，甚至可以说是先发制人的强制执行（见专栏3-1）。

专栏3-1 三种类型的规范性

规范性指的是促成有意义行动的相互期望，规范性还涉及它们的力量（诱导或实施、抑制或排除）、范围（针对特定或一般范围的行动）、规模（影响面对面或更大的人群）和透明度（文本外在化规范）。

（1）文本驱动的规范性与言语行为理论所创造的言语行为的施为性紧密相连。文本的规范效果包括自然语言模糊性带来的不确定性，这涉及可解释性问题，而可解释性问题又涉及已经外在化的规范的可争议性。

（2）数据驱动的规范性与预测（控制论）产生的反馈循环紧密相连。决策可能有潜意识的影响，注意到潜在的技术带来了一些具体的可解释性问题。这说明数据驱动的规范性在许多方面是先发制人的。

（3）代码驱动的规范性与遵循预设标准的自动化紧密相连。代码驱动的规范性的力量在许多方面是自上而下的，没有为解释规范的正确方式留下分歧的空间。将规范翻译成代码意味着对一种特定解释的有效选择，不付出巨大努力是无法挑战它的。

（COHUBICOL Research Project，2020）

二 设定政策规范性框架

现代社会在许多方面都以科学为基础，因此，重要的是要理解各种科学能够或不能够提供什么，并理解为什么以及如何做到这一点(Skirbekk，2020)。所有的科学都是规范性的，因为它们追求真理、有效性、可靠性、效用或任何一个人声称的构成科学实践的规范性价值(Brinkmann，2019：189－201)。本节尝试对规范性在政策科学领域的几个理论功能进行归纳，需要注意的是，这种归纳不是穷尽的。

（1）规范性指导功能。规范性指导涉及一系列心理表征、态度和行为的产生、监控和解释过程。规范性指导的一个显著特点是，它涉及个人或群体对要求或目标的自我强化(Railton，2019：1－22)。在政策领域，我们应该寻求规范性指导，从而确定政策行动者，无论是个人还是群体，其行动产生政策规律性（Policy Regularity）的独特方式。

（2）推理功能。推理是规范性的一个重要概念，"推理是一个心理过程，通过这个过程，你的一些态度，我称之为前提－态度，会产生一种新的态度，我称之为结论－态度"（Broome，2014：622－

633）。遵循推理规则的规范性指导要用规范性信念指导推理。当你相信你应该从事某项政策活动时，这种信念可以引导你在政策活动中把政策目的传递给政策手段。推理分为理论推理和实践推理，下面将详细阐述实践推理及其规范性对政策科学的意义。

（3）评估和规定功能。在"评估性"规范性的情况下，对解决政策问题的方案的实际状态和备选状态之间的比较采取了有价评估的形式。传统上由价值论解决的估价（Valuation）包括好、好于和差于等评估，为政策结果框架的设定提供了指导。传统上由道义论解决的规定（Prescription）具体指明了在一项政策运行中什么应该发生或不应该发生（Christensen，2012：104-112）。

（4）论证功能。规范性概念揭示了它们所涉及的属性和本质。来自规范性透明度（Normative Transparency）的论证有以下两个假定。假定一：规范性概念具有独特的认知意义，呈现它们认为具有的某种性质的属性，这种属性只能用规范性术语来描述。假定二：自然属性是不需要用规范性术语来描述其性质的属性。规范性透明度及其两个假定引导和启发对政策论证的深入探索（Bedke，2020：211-227）。

（5）预测功能。预测加工框架（Predictive Processing Framework）为我们描述和解释规范性现象提供了很好的工具，在最小化预测误差方面起着关键作用。规范性议题对于预测加工框架至关重要，因为预测机制本身是规范的。没有规范性，很难解释虚假陈述的可能性（Piekarski，2019）。这一框架意味着预测也是行动的规范，对于政策科学的政策预测和未来研究具有启发作用和运用价值。

总之，无论是政策制定还是政策科学都需要哲学知识基础（Dror，1986：221），就规范性的理论用途这一点来说，政策科学要成为一门真正的规范科学，哲学的"规范性"概念和命题就可以从一个方面为政策科学发展奠定坚实的基础。由于规范性是一种多方面的现象，而不是一种哲学理论具有或缺乏的一般特征（Kaiser，2019：36-62），因此，本节尝试从以下三个琢面设定夯实政策科学基础的规范性分析框架，简称政策规范性（Policy Normativity）框架。第一，如何从认知规范性角度对政策行动做出判断。第二，如何从实践推理角度做出政策科学是什么的规范性判断。第三，如何从社会哲学的规范性角度设计未来人类美好生活，实现民主集中制政策科学的主张。在运用政策规范性框架时，有以下两点需要注意。

第一，当我们构建政策框架时，从它的规范性维度来看，政策框架并不独立于政治文化和价值观。他们的关系是双重的。首先，政策框架必须形成更普遍的社会秩序概念和价值观。其次，政策框架必须与政治权威和国家与社会互动的主导概念相一致。在这方面，知识和权力之间的联系相当重要（Jobert，1989：376-386）。

第二，规范性提醒我们，我们中的许多人向决策者和公众提供科学信息时，应该更加警惕、更加精确、更加严格地区分政策中立的科学信息和政策灌输（Policy-inculcated）的科学信息（Lackey，2004：38-39）。

第二节 认知规范性和政策科学

一 认知规范性命题和政策科学

从历史上看，认识论的主要关注点一直是解释我们如何有理由持有我们对世界的各种信仰。认识论规范（Epistemic Norms）是描述什么时候在认识论上允许持有各种信仰的规范。对认识论规范的正确理解将为我们提供一个全新的认识论视角，从这个视角出发，可以对一些核心的认识论问题进行新的阐释（Pollock，1987：67－95）。就像政策科学领域从情境概念拓展到情境性概念一样，规范性建立在规范的基础之上，是规范概念的延伸和深化。任何探寻认知规范性来源的解释都必须解释认识论主张是如何具有规范力的（Kornblith，1993：357－376）。根据认知规范性，认识论规范必然包含真正的规范性原因。根据认知构成主义（Epistemic Constitutivism），认知规范性最终是真的，因为信仰构成性以追求真理为目标（Côté-Bouchard，2016：3181－3198）。更进一步，认知规范性的工具主义主张我们应该关心有没有认识论上的理性信念，因为一般来说，在现实世界和最接近的可能世界中，有认识论上的理性信念是实现真实信念和避免虚假信念的适当手段，这是我们所有人都有的关于许多信念的目标，至少在对我们重要的领域是这样的（Bondy，2018：5）。认知规范性的主题已经成为近年来认识论研究的焦点，知识、真理和论证等理论已经越来越被认为是维护规范的认识论的责任（Kerr and Carter，2016：3－24）。本节尝试从认知规范性（Epistemic Normativity）中提炼出四个对于指导政策科学研究有用的规范性命题。

（1）认识论的概念、事实和判断的规范性在于它们与行为和动机的密切联系。他们提供了相信的理由，并从认识论的角度告诉我们什么行为是有价值的、可取的或值得的。它们是行动导向的、行为相关的或态度塑造的。认知规范性也有一个道义方面的问题：它涉及我们有义务、有责任或被要求做与认识论目的相关的事情（Maffie，1990：333－349）。

（2）当科学或学科遵循它们的方法来描述、理解和解释现象，或者简单地说，获得现象的知识时，我们将它们指定为描述性的。

当学科规定了我们为了获得知识应该遵守的规范、标准和规则时，我们就把它们称为规范性的。然而，"规范的"和"规范性"并不仅仅指规范和规则。除了规范和规则，它们还可以指由"应该"概念、"价值"概念以及指导和评估实践所指示的所有属性（Renić，2010：93-119）。

（3）认知规范性通常与对信仰是否达到知识状态的评估联系在一起。例如，索萨的观点（Sosa，2007）代表了认知规范性的主流思想，他指出："认知规范性是一种状态，通过这种状态，真正的信仰构成知识。"大多数认识论者都同意存在一种特定的认知规范性，它与声称知识是客观正当的或有正当理由的要求有关，并且它假定真理是基本的，或者至少是一种基本的认识价值（Renić，2010：93-119）。

（4）认知规范性不同于信仰状态的规范性，我们在理解认识论领域的适当范围时不要局限于狭窄的视角。相反，应该把认知规范的轮廓和由此产生的规范想象成那些为我们应该如何实施认知项目提供建议的规范，即那些旨在探寻对我们重要的某个问题或问题集合的真相的项目（Edmonds，2018）。

二 认知规范性对于夯实政策科学基础的关键议题

许多哲学家试图将认知规范性建立在知识的价值、真理的价值或成功制度的价值上（Owens，2013：35-58），由此推断认知规范性可以帮助政策科学明确和解决几个重要的价值议题。第一，政策动机和政策行动。政策动机是什么，追求的目标是什么，即政策为谁服务。为达到目标，什么样的政策行动是有价值的、可取的或值得的。第二，我们为了获得政策知识，应该遵守什么样的规范、标准和规则。我们应当获得哪些可以应用的政策知识，我们所获得的政策知识是否有价值，与国家和人民的信仰是否一致。第三，结构化的政策问题应该是什么，确定政策问题的价值标准是什么，政策问题的确定能否与政策动机和政策行动保持一致。第四，如何从结果导向着手来评估政策动机和政策行动，影响政策运行的情境因素是什么，确定结果指标的价值标准是什么，在评估证据是否充分时我们应该考虑哪些目的和价值。第五，政策论证（Policy Arguments）是交流分析结果的主要工具，位于政策分析和决策过程的核心（Dunn，2004：387）。论证不是起始于公理，而是起始于意见、价值观或有争议的观点，政策论证需要理解这些意见、价值观或有争议的观点（Majone，1989）。

"假设你拥有一个强有力的，也许是决定性的证据来支持你正在考虑的一个命题。因此很自然地认为你有理由相信那个命题。信仰的本质解释了为什么有理由相信或不相信命题，依据的是支持或反对它们的证据"（Cowie and Greenberg，2018：173－196）。认知规范性要求我们必须考虑什么构成政策证据的充分性问题。因此，在政策科学领域，足够的证据要满足以下四个条件（Khosrowi and Reiss，2019：179－197）。一是它应该能够回答手头的研究问题。二是它应该产生于适用其领域的干预方法。三是它应该与我们所掌握的情境知识不矛盾。四是它应该有助于证明政策制定者实现了他们想要的价值模式。同时，还需要考虑，当证据产生时，以证据为基础所追求的价值没有完全确定时，我们应该怎么办，如何想办法去解决。

认知规范性基于实践规范性，我们对认知规范性的研究是对实践推理在理论推理中的作用的研究（Renić，2010：93－119）。因此，还需要进一步探讨实践推理及其规范性对政策科学的意义。

第三节　实践推理和政策科学

一　实践推理的规范性命题和政策科学

推理分为理论推理和实践推理。理论推理就是推理相信什么，理论推理指导着我们的思想，尤其是我们的信仰；实践推理（Practical Reasoning）是关于做什么的规范性判断（Harman，1976：431－463），实践推理是指导我们行动的推理。许多重要的哲学问题产生于实践推理，许多问题都涉及实践推理的规范性（Verbeek and Southwood，2009：223－225）。实践推理至少可以帮助我们解决以下六个主要问题（Audi，1982：25－39）：第一，描述一个理性的人如何回答一个实际的问题，即"我该怎么办"。第二，解释一个人的行为是出于什么原因。第三，确定一个可以解释有意图行动的结构。第四，说明某人的原因（如他的意图）和他基于原因的行动之间的关系。第五，展示为某一原因而行动的结构，以便这种行动在某种意义上或至少在考虑到原因的情况下是合理的。第六，说明我们回答实际问题的推理和回答理论问题的推理之间的异同。由此，本节尝试从实践推理中提炼出四个对于指导政策科学研究有用的规范性命题。

（1）实践推理是我们实践知识的来源。实践推理可能有两种运作方式（Stout，2019：564－579）：一种是我们知道自己在做什么，因为通过实际推理，我们已经知道自己在做什么，我们也知道我们已经知道了什么。这意味着实践知识是基于对自己实践推理的观察；另一种是一个人可能认为实践推理是一个人实践知识的来源，因为判断一个人正在做什么的实践推理证明了这个判断是正确的，而正确的判断构成了知识。

（2）工具推理是试图找出达到目的的方法，目的应该是预先确定的（Dancy，2018：10）。实践推理可以被看作是工具性的，也就是说，它指导主体如何达到其行动的终点（Renić，2010：93-119）。有两种推理工具可以使用：一种是规则引导概念（Rule-Guidance Conception），即实践推理是一种由规则引导的获得（或保留或放弃）意图的操作，以达到理性的同步要求；另一种是原因反应概念（Reasons-Responsiveness Conception），即实践推理是对明显原因做出反应的过程，它的正确性标准来自我们客观上有理由做的事情，如果事情如我们所想的那样（Kauppinen，2018：394-442）。至于用哪种工具进行实践推理并应用到政策领域，则需要判断和探索。或许根据原因反应概念来推理有一些显著的优势。此外，实践理性的广义概念还包含了决定行动结果的能力，涉及各种决策和目标导向的推理（Renić，2010：93-119）。

（3）在动态环境中运行的人必须能够推理并决定追求其目标的行动，但在规范环境中，一个人的行动不仅受所追求的目标的指导，还受到强加于他的规范的指导（Shams，2015：4397-4398）。一个行动在合理的行动顺序中的位置对于该行动的实现是必不可少的；实践推理的独特性源于它在构成行动中的作用（Fernandez，2016：869-900）。基于这两个陈述解释客观性和实践性以及随之而来的实践推理和行动的观点，很可能是正确的，并得出这么一个命题，即实践推理提供了一种原则，这种原则不是从外部强加给行动的，而是构成行动中的要素（Fernandez，2016：869-900）。我们还必须意识到，实践推理唯一可能的结果是推理出一个与实际相关的结论，一个人可以根据这样的结论来行动，但是任何行动都是在推理完成了它的正式任务之后发生的（Dancy，2018：1）。

（4）逻辑学家已经将实践推理和理论推理作为他们的主题的一部分。如果把逻辑粗略地定义为评价论据的科学，那么一个实践推理的逻辑评价就是实践论证（Practical Arguments），即实践推理所表达的论证。像每一个论证一样，一个实践论证是一组判断，其中一个或多个（前提）被声称为另一个（结论）提供支持。实践论证不同于理论论证，因为它的结论是一种实践判断。假设前提为真，如果结论必须（应该）被执行，那么实践论证是有效的。演绎的实践推理只有满足严格的逻辑有效性标准才能是好的（正确的）（Spielthenner，2007：139-153）。实践推理的逻辑理论进一步认为，需要对实践推理进行更定性的描述，必须提供处理适当推理程序的定性机制，任何对实践推理的充分说明都必须模拟信念和愿望以及它们在决策中的相互作用（Thomason，1993）。

二 实践推理的规范性对于夯实政策科学基础的关键议题

既然实践推理是指导行动的推理，那么实践推理对政策行动同样有意义。

（1）实践推理是政策实践知识的一个重要来源。实践知识是实现某件事的经验所固有的知识，它"知道"的现实是通过某人的"做"而获得的，因为它与对价值或项目的积极追求有关（Keefer，1996）。实践知识的概念，即关于一个人正在做什么或将要做什么的知识并不依赖足够的先验证据，这是我们理解有意图行动的核心。理性行动的能力就是实践知识的能力（Setiya，2017：39）。政策科学可以理解为政策过程知识和过程中的相关知识（Lasswell，1970：3-14）。政策科学追求更充分实现与人的尊严有关的知识的发展（Lasswell，1951：3-15），是一门实践性很强的科学。要从实践推理中获得政策实践知识，需要注意区分理论知识和实践知识，本节从厄斯特勒（Oesterle，1958）的论述中提炼出四点。第一，理论知识的目的是真理，而实践知识的目的是行动。第二，理论知识和实践知识的区别主要是基于有限的认识方式，以及两种基本的对象：必要的、不可操作的对象和偶然的、可操作的对象。第三，在理论知识中，已知的对象是不可操作的，在实践知识中，情况恰恰相反，即已知的对象是可操作的。第四，要突出理论知识和实践知识划分的三个要点：一是从知识本身的观点来看，理论知识是优越的和更完善的；二是实践知识必然依赖理论知识，并对其进行排序；三是将知识分为理论和实践两部分，但这并不是一种绝对的划分，很容易被夸大。

（2）推理理论，尤其是古兹曼（Guzman，2015：86-98）实践知识的观点为在政策科学领域尤其要注重实践中的隐性知识提供了一个理论基础，概括起来以下四点。第一，隐性知识包含了政策行动者的感觉、直觉和社会认同等。第二，隐性知识由概念、想法和经验组成，既不能客观化，也不能解释。这种知识可以毫不费力地、无意识地和自动地应用，以便执行特定的行动。由于程序知识的隐性成分也是情境化的，所以不可能为了分享这种知识而制定模式或框架。这就需要理解政策实践中的隐性知识。如考虑到当前的环境限制，个人形成问题情境的能力以及个人以不同方式解决相同问题的自身实践技能非常重要（Scribner，1986：13-60）。第三，当基于先前经验的隐性知识被有意识或无意识地用于执行新兴的和有意的行为，而执行这些行为的个人完全无法解释他如何执行特定的行为时，实践就是隐性的。第四，建立信任、身份共享和在成员之间建立信任、信誉和尊重的社会化过程是支持实践知识共享的关键。

（3）实践推理助力政策制定。第一，实践推理的基本原则是我们在一切实践推理中必须遵循的。遵循这个原则，实际推理涉及形成和修改决策与意图。决定是一种意图的有意识形成，而意图是一种精神状态，其内容是某种可能的行动过程或行为方式的表现（Wedgwood，2018a：189-209）。第二，作为实践推理的公共政策制定，曼泽尔（Manzer，1984：577-594）认为：一方面，满足有效性和效率的标准为采取政策选择提供了充分的理由，不符合这些标准为拒绝采取政策选择提供了很好的理由；另一方面，"一个实际问题是关于做什么的问题"（Gauthier，1963：3）。一个实际问题总是在一个特定的背景或一系列的环境中出现，在解决这个问题时必须加以考虑。

（4）实践推理孕育出结果导向的政策推理（Policy Reasoning）。从实践推理的逻辑理论可以推导出政策推理的五个分析要点。第一，分析政策推理的原则。德洛尔（Dror，1989a：99-104）认为，政策推理的概念不仅可以作为处理制定政策的规定性方法的基本原理，而且可以作为以建设性和未来导向的方式提出建议的原则。虽然政策推理的观点没有达到哲学层次，但无论如何迫切需要在这方面开展工作。为此，他提出了22种先进的政策推理思想，为进一步完善政策推理的原则做好了准备。第二，以预期结果为导向对政策问题的阐述、重塑和确定，是问题和结果之间的推理。第三，对预期后果的推理。哪些后果是政策行动者所期望的，哪些则不是。第四，情境推理。这将涉及实施开放的政策行动的可能性。第五，根据结果推理出所要采用的手段、措施和政策行动计划，以及在政策行动过程中对行动计划的不断修改和完善。总之，哲学意义上的政策推理是一个有前途的研究议题。

（5）同认知规范性一样，实践论证也为政策论证提供理论支撑。实践论证的重要性在于它作为一组判断，为政策有效性和政策结果提供支持。政策实践的有效性可以被定义为"如果前提和结果之间的关系是这样的：一个实践论证是有效的，即如果根据结果采取行动，就会产生人们最重视的结果；如果不根据结果采取行动，那么这个结果就不会发生"（Spielthenner，2007：139-153）。

第四节 社会哲学的规范性和政策科学

一 社会哲学的规范性命题和政策科学

社会哲学是关于社会安排和理解社会所用概念的规范性哲学问题（Robinson，2016），是阐明社会的规范性所基于的基础，同时使人意识到这种规范力量经常产生一种"应该"（Ferrara，2002：419-435）。社会哲学从伦理和道德价值的角度，而不是从经验关系的角度研究社会现实性和社会行动，解释社会和社会制度问题。社会哲学所使用的规范性概念定位于人类生活，而任何关于政策议题的讨论"总是涉及规范性理论、价值观、意识形态或任何人可能愿意称为我们对社会思考的主观范畴的事情"（Horton，1966：701-713）。因此，社会哲学中的规范性观点是为政策科学提供养分的一个源泉。

社会哲学可以被视为追求人类目标的科学（Morkuniene，2004：5），它的任务是对人类美好生活的一种未来设计（Winthrop，1965：473-479），这与政策科学倡导的重点将放在与更充分实现人的尊严有关的知识的发展上（Lasswell，1951：3-15），以及新政策科学倡导的民主集中制政策科学（李兵，2021：68-77）具有异曲同工之妙。因此，本节尝试从社会哲学思想和学说中提炼出五个对于指导政策科学研究有用的规范性命题。

（1）社会哲学是西方工业化社会在过去250年中发展起来的一

种反思模式，其目的是为评估促进个人繁荣的社会生活形式制定关键标准（Cooke，2000：193-277）。

（2）社会哲学认为社会是一种规范力量，能够协调众多行为主体的行为，并使其可预测，但不会仅仅代表单个不相关行为的总和（Ferrara，2002：419-435）。

（3）社会哲学必须向社会展示其现实性，为人们提供活动的视角。现代社会哲学面向社会人道主义学科的实践研究工作，强调导向于特定的社会人道主义知识（Kemerov，2014：1104-1111）。

（4）当代社会哲学成为行动的计划、原理和取向，它的原理可以承担方法论的作用。它不仅是一种认知工具，还是进一步研究人类社会的条件和前提的方法；它不仅是揭示社会中物质和精神现象的人道程度的标准，而且为行动纲领奠定基础。因此，社会哲学的任务是揭示社会中的基本特征，它的突出特征是在新条件下解决人类问题（Morkuniene，2004：5-8）。

（5）作为社会哲学一个最新成果的科学社会哲学（Social Philosophy of Science）是哲学的一个分支，它考察科学的前提、方法、结构、目标和影响（Strand，2019：31-43）。它可以被视为简单的认识论，但它的关注点是对一系列知识创造工具的检验。任何检验行动都是一种社会行动，对任何社会科学中的基本假设和理论建构的哲学检验，都具有方向性（Valsiner，2019：1-9）。

二 社会哲学的规范性对于夯实政策科学基础的关键议题

通过探讨应该做什么，以及为什么我们认为应该做，社会哲学使学术知识对政策科学有意义，而不损害政策科学作为学术研究的独立性或经验完整性。社会哲学帮助我们回答一些重要的问题：我们如何避免无休止地理论化而实际上什么也不做；为了更好地服务我们所致力于的人文目标，我们如何开发最不透明、最复杂的话语系统；我们怎样才能避免社会理论螺旋式地走向无限，避免定量研究变得越来越狭隘，越来越不重要（Robinson，2016）。

把社会哲学规范性作为政策科学的一个认识论和方法论的重要基石，我们可以解决以下几个问题。第一，在政策科学领域开展价值观讨论，解决如何在不牺牲对经验中立性承诺的情况下产生与政策过程中和政策过程内相关的知识。第二，通过对政策科学的基本价值观进行系统审查，我们可以确保处理好政治意识形态和政策科学的关系。第三，通过关注"应该"的问题在政策分析中的作用，我们可以为政策制定提供重要的新的贡献。第四，让政策知识变得有用。社会哲学不仅能够保证政策科学不会迷失方向，而且能够指导产生有用的政策知识。社会哲学规范性可以从以下三个方面对政策科学发挥指导作用，并夯实政策科学的基础。

（1）政策科学家需要借鉴社会哲学家的客观主义观点，因为诉诸客观主义的观点来实现人类繁荣和充分实现人的尊严的特定规范性概念是必要的。这里的客观性是为了解释这样一个事实，即一个事物要成为一个规范，它需要建立一个标准，来确定对正确性的约束，而与我对自己是否履行这些约束的看法无关（Satne，2015：673-682）。客观主义观点能够使政策科学家识别和批判性地评估人类繁荣的新规范概念，并提出推动人类进步的新概念。这意味着政策科学家必须能够捍卫指导他们各自项目的关键规范性概念，作为对早期概念的改进，如情境性概念、隐性知识、价值无涉和价值有涉，以及替代民主政策科学概念的民主集中制政策科学等。

（2）借鉴社会哲学的分析模型、批判模型和实用主义模型（Frega，2014：57-82），解释政策科学中规范性理论和描述性理论之间、哲学领域（规范分析）和政策科学领域（解释和预测）之间的关系,解释经验分析和概念分析在作为政策科学规范性理论的基本构成中的作用。

(3) 发挥社会哲学和科学哲学融合生成的科学社会哲学的规范性及其关于经验信息的观点对发展政策科学理论的催化作用 (Catalysis)。科学哲学认为来自和关于科学实践的经验信息在发展和证明任何哲学解释或理论中起着中心作用,强调要密切关注科学实践的哲学解释观 (Kaiser, 2019: 36-62)。同理,我们要认识到政策科学理论必须源于对政策实践中相关经验信息的批判性重构,要重视政策实践的经验信息对于发展政策科学理论的催化作用,要克服因果关系叙述的限制 (Valsiner, 2019b: 125-146),探索出一条从政策实践的经验信息上升为政策科学理论的途径。

总　结

概括来说,政策科学从规范性中寻找支撑,不仅要理解规范性及其理论用途,还要从认知规范性 (Epistemic Normativity)、实践推理 (Practical Reasoning) 和社会哲学当中提炼出适用于政策科学的规范性命题,并分析它们对于夯实政策科学基础的关键议题。未来政策科学的规范性研究仍有三个方面的议题需要探察。第一,继续加强政策科学本身的规范性研究,如科学哲学的规范性及其对政策科学的意义,以及政策推理及其对政策科学的意义等。第二,加强政策科学分支领域的研究,如政策分析的规范性研究、公共政策的规范性研究、社会政策的规范性研究、经济政策的规范性研究等。第三,对中国政策发展的规范性研究,这点很重要。如果能从中国政策发展的规范性研究中提炼出更高层次的政策理论,那么对于政策科学的重大贡献将是毋庸置疑的。

第四章　政策标识和政策科学*

一般来讲，定义政策和区别认识政策属性是政策研究的逻辑起点，任何一位研究者从事政策研究一般都会以此为开端。然而，仔细思考，我们不禁要问，虽然政策源于实践活动，但如果把政策上升到一门科学的高度，需不需要从哲学层面来认识和理解？如果需要，如何认识？从哪个角度认识？用什么哲学概念来给政策打上烙印？有什么中国元素可以纳入呢？这么做对政策科学研究和政策实践活动有何意义？为了回答这些议题，本章试图为政策实践者和政策研究者提供一个便于参考和使用的政策图像。

第一节　哲学意义上的标识

一　标识概念和理论的起源

标识（Signature）本意指签名，是一种个人风格的标记，用以证明自己的身份与意图。当标识运用到科学领域时，它的含义变得非常深邃。不管空间和时间距离是近还是远，标识可以在人与人之间、机构与机构之间传递意义和信息。尽管标识的意义最终取决于

---

* 本章曾发表于《中国公共政策评论（第19卷）》（上海人民出版社），内容有修改。

人类的解释，但人类社会确实制定了可理解且相对一致的使用规则，以促进交流的速度和保真度（Dittmer，1977：552-583）。标识概念的优势在许多方面似乎是为弥补当前科学领域概念的弱点而量身定制的。

标识概念最早运用于医学，并形成了一种具有概括药用植物功能的标识学说（Doctrine of Signatures），这套学说不仅通过植物的物理特性揭示其治疗价值，还解释了人类是如何发现某些植物的药用价值的（Bennett，2007：246-255）。标识说可能来源于古代中国的一个医学概念（La Wall，1927；Hocking，1977：198-200）。当标识概念运用于地貌学、行星学等科学观察时，所形成的标识理论（Signature Theory）传递了大量的信息，包括观察者的感觉器官的能力，以及他处理观察到的信息的能力（Enzmann，1969：100-112）。标识理论最重要的发展出现在哲学中的神学领域，尤其是在圣礼理论中（Agamben，2009：43），标识理论曾经对文艺复兴和巴洛克时期的科学产生了决定性的影响（Agamben，2009：43）。在18世纪末，随着启蒙运动的到来，标识概念从西方科学中消失了（Agamben，2009：68），但在20世纪，哲学和人文科学的论争中占据主导地位的许多学说都或多或少地涉及标识有意识的实践。尤其在人文科学中，有时也会处理一些实际上是标识的概念（Agamben，2009：76）。受到科尔巴奇和霍普（Colebatch and Hoppe，2018：14-15）的启发，本节确信标识概念对认识和理解政策有意义。因此，要深化政策科学研究，有必要重新拾起和引入标识概念，并从标识概念出发来逐步引申出政策标识，只有这样才能为整合政策概念和属性提供一个更具说服力的分析框架。

由于能检索到的阐述标识概念和理论的英文文献大多是关于药物学或神学的，适用于政策科学研究的极其有限，而且考虑到阿甘本（Agamben）哲学意义上的标识理论对于研究政策标识（Policy Signatures）的重要意义，本节重点对阿甘本标识理论中的合理要素进行提炼并将其作为认识和理解政策的哲学观。阿甘本的标识理论体现在以下三个方面：一个是标识定义，一个是标识的假设命题，一个是标识理论。

二 标识的定义和命题

标识和标记（Sign）有联系，但在概念上不能混淆，需要区别开来。在《事物的秩序》（原文1966年出版，1970年是第一个英文版）这本书中，福柯（Foucault，1970：28 - 32）根据三个变量定义标记。第一，关系的确定性：一个标记可能是如此的恒定，以至于人们可以确定它的准确性，但它也可能是简单的可能性，标记应该找到它的知识范围。第二，关系类型：一个标记可能属于它所表示的整体，以及它与它所指的关系的形式。第三，关系的起源：标记可以是自然而然的，也可以是约定俗成的。将标记与标识联系起来并给标识定义，这一成就要归功于梅兰德里（Melandri）。梅兰德里（Melandri，1967：75 - 96）从福柯的符号学和解释学的非一致性出发给出了标识的早期定义，他把标识定义为能够从一种事物转变为另一种事物的概念："标识是标记中的一种标记，它是在既定符号学的情境中引用既定解释的唯一索引。从某种意义上来说，一个标识附着在该标记上，它通过标记的制作显示了必须用它来破译的代码。"标识是使标记可易理解的概念，是"标记的特征或标记系统的特征，是通过使它自己与指定的事物相关联来宣布的"（Melandri，1967：75 -96）。阿甘本（Agamben，2009：59 - 60）指出，如果对于文艺复兴时期的认识论来说，一个标记指的是标明和它指定的事物之间的相似性，那么在现代科学中，标识不再是单个标记的特征，而是它与其他标记的关系。我们可以想象这样一种实践，即不无限地停留在纯粹的标识中，也不单纯地探究它们与标记的重要关系，而是超越标识与标记之间的分裂，从而引导标识走向历史的实现。

从梅兰德里的标识定义出发，阿甘本（Agamben，2009：33－80）整合了帕拉塞尔苏斯（Paracelsus）、阿契厄斯（Archeus）、亚当（Adam）等人的思想，提出了标识命题，本节概括为以下四个。

命题1：帕拉塞尔苏斯主义认识论最初的核心观点是所有的事物都有一个标识，它表明和揭示了它们无形的品质。

命题2：没有什么外在的事物不是内在的表白，政策也不例外。

命题3：通过标识，人们可以认识和了解每一个事物，并给事物打上印记。

命题4：标识是一门科学，通过它可以发现隐藏的一切。没有这门艺术，任何深奥的事情或事物都无法被揭示。

三 标识理论

阿甘本（Agamben，2009：33－80）的标识理论或者说是标识思想可以精炼为以下五点。第一，标识并不仅仅表达了一个标记和另一个标记之间的符号关系，更确切地说，标识表达了它是什么。坚持这种关系而不与之重合，有利于将标识定位在一个新的实用主义和解释学关系的网络中，由此标识在符号学和解释学之间的空白和脱节中找到了自己的位置。第二，标识不再被简单地理解为通过在不同领域之间建立联系来展现事物的神秘特性。相反，它是所有知识的决定性操作者。第三，标识理论纠正了抽象和错误的想法，即存在纯粹的和无标明的标记，标记以中立的方式表示标识并让标识一劳永逸。相反，标记之所以有意义，是因为它所携带的标记必然预先决定了它的解释，并根据规则、惯例和规定来分配它的使用和效力，而我们的任务是识别它们。第四，陈述是在客观存在的纯粹事实中标记语言的标识。第五，人文科学中的所有研究，尤其是在历史背景下，必然与标识有关。因此，对于学者来说，学会正确地认识和处理标识更为重要。因为归根结底，标识有助于学者研究的成功。

梅兰德里的标识定义，阿甘本整理出的假设命题和标识理论，为认识和理解政策提供了一种哲学意义上的指导。本节以此为立论，尝试提出政策标识概念和政策标识说。

第二节　政策标识的构造

一　政策标识的定义和佐证

在每一个研究和实践的领域，关键术语和思想的定义通常都是非常重要的，当然也可能导致相当多的争论。无论如何，当一个人开始探索一个新的领域时，掌握一些概念通常是有帮助的（Fowler，2004：71）。

阿甘本（Agamben，2009）强调说：哲学探究至少需要两个要素，一个是问题的识别，另一个是选择适合解决问题的概念。概念需要标识，没有标识，概念就没有什么作用，也不会产生想要的效果。因此，根据上文对标识概念、命题和理论的阐述，本节尝试将政策标识看作政府用以证明和表达自己意图和预期的一种文字性标记，是标识的一种特殊形态，是政策自身的无形特质与其显性化表象的结合。政策科学家、政治家和公众通过信任和支持政策自身的产生这种方式来赋予政策标识突出的价值地位。政策标识从哲学中引申而来，变成一种应用性的科学术语，能够对一系列政策概念起着统领和规范的作用。例如，每项政策都有三个关键要素，即问题的定义、要实现的目标以及解决问题和实现目标的政策工具。政策标识能够给政策要素传递的信息包括对问题的识别和选择提供适合解决问题的手段等。再如，政策风格（Policy Style）被看作不同的决策系统和不同的社会决策程序，也许更确切地说，是指政策制定和实施风格（Richardson and Gustafsson，1982：2）。政策风格概念的这种最初表述旨在帮助比较政策分析者解释民主国家处理类似政策问题的方式上存在的许多差异（Richardson，2018：1-14）。政策标识可以为分析政策风格提供政策问题、政策情境、政策网络和政策工具等概念比较。此外，政策标识还可以厘清某一政策与其他政策之间的区别和联系，政策与政策实践、政策与政策科学研究、政策与知识使用等之间的关系。

本节将科尔巴奇和霍普（Colebatch and Hoppe，2018：14-15）提出的观点概括为可以阐释政策标识的四个佐证。第一，政策应以正式的书面形式表达，文件在政策活动中起着重要的作用。第二，政策的另一个可能标识是"问题"的概念。许多政策活动涉及发现问题和阐明解决这些问题的措施。第三，"政策"似乎也是一种特定的工作方式，要区别于"政治""管理""专业判断""用户偏好"。文件和广泛的"咨询"都可以成为政策标识的一部分。第四，"政策"似乎是指专业知识，它反映并体现了专家、政策制定者和实践者积累的知识，是一种各类知识的聚合。

二 政策标识的琢面

如果把政策比喻成一块玉石的话，从政策标识的定义和佐证中可以引出构成政策标识的五个主要琢面。

（1）政府选择做什么或者不做什么。政策实际上是政府对各种可替代的行动方案做出需要付诸实施的选择。关于选择，政府一般只选择做他们要做的事情中最小的一部分（Page，2018：16-31）。

（2）通过文件作为命令的政策。政策通常通过官方书面文件颁布，政策文件通常附有政府内部行政权力的认可或印章，以使政策合法化，并表明该政策被视为有效。可以说，文件是政策产出的主要形式，所有实质性的政策工具要么采取文件的形式，要么以文件为媒介（Sedlačko，2018：32-52）。文件通常被视为思想或信息的容器或传递管道，并"提供了确凿的或特别合法的证据"（Mason，2002：76）。还有研究将重点放在作为"主题"的文件上，文件作为"铭刻在文本上的知识"（Inscribed Knowledge），是政策制定的标准机制，具有协调作用，可以被用于体现和传递对特定行动的理解（Freeman and Study，2015：1-17）。塞德拉奇科（Sedlačko，2018：32-52）用四种方法定义政策文件，即作为文本和纸上铭文的文件，作为政策过程中特定模式位点的文件，作为材料转化和做记录工作的文件，作为评注实践对象的文件。塞德拉奇科还认为，作为命令的政策，文件的权力包括通过文档的流动性和稳定性创建跨时间和空间的秩序，通过抽象和操纵创造新的现实，将"理论"现实转化为实践。

（3）作为只是解决问题的政策。自拉斯韦尔（Lasswell，1951：3-15）确立"政策科学的问题导向"以来，"问题""解决方案"这两个对应词一直是该领域的概念基础。而政策过程是连接问题和解决方案的机制，也是寻求改善世界的理论家和实践者关注的焦点（Turnbull，2018：53-67）。

（4）作为实践的政策。巴特尔（Bartels，2018：68-88）认为，政策既是实践技能、情感、身体运动、人工事实、社会性和话语的过程，也是其结果，政策行动者在实际参与时，以互动方式唤起、协商和维持这些技能、情感、身体运动、人工制品、社会性和话语。政策科学最初产生于对政策实践进行理论化的努力，并受到寻求使我们对政策过程的分析理解与其在实践中的实际运作相一致的研究的显著影响。实践研究表明，政策过程的特点是复杂的或动态的，人们越来越认识到，实践者在就正在发生的事情进行谈判并根据具体情况采取行动时，会对政策提出许多不同的解释。

（5）作为一种专门知识的政策。许多政策活动都与动员不同种类的专业知识支持政策主张的方式以及寻找解决竞争性主张的方法有关（Colebatch and Hoppe，2018：14-15）。例如，金融政策、卫生政策、环境政策、农业政策、交通政策、通信信息化政策、养老保险政策和教育政策等，从问题界定、政策形成到结果测量，专业性很强，分别需要金融学、公共健康和医学、生态学、农学、交通技术、电子技术、保险精算和教育学等专业知识源源不断地输入，需要大量专业人员的投入。而像经贸政策、科技政策、养老服务政策、社会工作和社会慈善等则需要多种专业知识的叠加。

总之，从社会建构主义来看，政策是社会观念框架的一部分，是一种给社会思想贴上标识的方式，以及证明实践和组织安排的正当性和必要性的一种方式（Colebatch，2002：3）。但政策有时是由政治参与者相互之间的妥协形成的，他们中的任何一方都没有完全意识到商定中所要对应的问题（Lindblom and Woodhouse，1993：3-5）。政策标识是政策研究的起点，政策科学中的所有研究必然与政策标识有关。因此，政策科学家必须学会正确地认识和处理政策标识。政策标识的定义、佐证和琢面共同构成政策标识说，既为认识和理解政策，也为探讨政策定义、属性和政策标识之间的关系提供了认识论基础和研究指南。更重要的是，政策标识对于政策科学研究和政策实践活动，政策科学家和政策实践者实现改变人类命运、提高人类尊严的使命都具有重要的指导意义。

第三节 政策定义、政策属性和政策标识

在探讨政策标识对政策科学研究和中国政策发展的指导意义，以及政策标识与政治的关系之前，有必要给政策定义和政策属性做个明确的标记，以便探察和界定政策定义、政策属性和政策标识的关系，因为政策定义和政策属性是连接政策标识说和发挥政策标识指导功能的关键中间要素。

一 政策定义

科尔巴奇（Colebatch，2002：5）认为，政策的概念产生于对现代世界的三个公理假设，即工具性意味着所有组织都以目标为导向，等级意味着政府以"自上而下"的方式运作，一致性意味着一切都符合某种系统。赫克罗（Heclo，1972）指出，第一，就分析层次而言，政策是一个大致处于中间范围的概念。第二，政策的核心是一系列旨在达到某种目的的行动。第三，对于政策是否超出了预期的行动方针，仍存在一定的模糊性。第四，将政策视为由政府部门管理的有形立法和条例更广泛的东西似乎比任何时候都是有益的。第五，世界上没有明确的数据构成政策，一项政策活动过程必须能够被相关的分析者感知和识别。

从检索到的11种主要的政策定义来看，可以把政策定义归纳为三种类型。第一，政策是一种关于行动规则、或行动原则、或行动框架、或行动方针的决定，为实施政策以实现组织的目标提供具体方向（Nicolaidis，1960：74；Titmuss，1974：25；Hodgson and Irving，2007：1-17；Spicker，2006：15；Alias and Ismail，2017：624-

634）。第二，政策是目标导向或有目的的行动过程，或者说是行动计划或一系列行动，或者说是实现有价值的目标的行动选择过程，或者说是实质性决策、承诺和实施行动（Anderson, Brady and Bullock, 1978: 5-6; Bogenschneider and Corbett, 2010: 7; O'Connor and Netting, 2011: 11; Bryson and Crosby, 1992: 63）。第三，政策是一个管理机构积累下来的长期决策，或者政策创设是由管理以前的相关政策的经验形成的，用于管理、控制、促进服务，并以其他方式影响其职权范围内的事务（Guba, 1984: 63-70; Jenkins, 2007: 21-36）。

专栏4-1 政策定义

（1）尼古拉迪斯（Nicolaidis, 1960）分析了定义政策的11种不同方式，并提出了政策的一个操作性定义，即"政策是一种行动规则，表明或阐明特定的组织目标、目的、价值观或理想，并经常为实现它们规定必需的或者最理想的方式和方法。为制定、指导或指挥组织活动（包括决策）而建立的这种行动规则，旨在为组织的运作提供相对的稳定性、一致性、统一性和连续性"。

（2）"一个行动者或一组行动者为试图解决公共问题而遵循的目标导向或有目的的行动过程。"这个定义聚焦做什么，以区别于意图是什么。它将政策与决定区别开来（Anderson, Brady and Bullock, 1978）。

（3）政策是指向既定目标的行动原则。这个概念指的是关于手段和目的的行动，因此，它意味着改变，只有当我们相信我们能以某种形式实现改变时，它才有意义（Titmuss, 1974）。

（4）顾巴（Guba, 1984: 63-70）从以下八个方面给出了政策的定义。第一，政策是意图和目标的主张。第二，政策是一个管理机构积累下来的长期决策，它通过这些决策来管理、控制、促进服务，并以其他方式影响其职权范围内的事务。第三，政策是自由行动的指南。第四，政策是为解决或改善问题而采取的战略。第五，政策是被认可的行为，正式地通过权威的决定，或者非正式地通过随着时间的推移而建立的期望和认可。第六，政策是一种行为规范，其特点是在某些实质性行动领域表现出的一致性和正当性。第七，政策是政策制定系统的输出：在官僚机构工作的数百万人的所有行动、决策和行为的累积效应。即它在政策周期内的每一点发生和进行，从议程设置到政策影响。第八，政策是用户体验到的政策制定和政策执行系统的效果。

（5）政策为表达政治信息和实现社会目标提供了切实可行的框架。将政策作为一种政府手段在维持社会、政治和经济关系方面至关重要（Hodgson and Irving，2007）。

（6）政策可以被定义为由那些掌握或影响政府权威地位的人所做出的实质性决定、承诺和行动，正如各种利益相关者所解释的那样（Bryson and Crosby，1992）。

（7）政策是一个非常模糊的术语。从最简单的意义上讲，政策是关于行动方针的决定（Spicker，2006）。

（8）政策创设是由管理以前的相关政策的经验形成的，理想的情况是，至少在实践中对政策的检查和监测产生了改进、重新评估和发展（Jenkins，2007）。

（9）政策是通过法律、法典或公共或私营部门的其他机制制定、启动和实施的一项行动计划或一系列行动（Bogenschneider and Corbett，2010）。

(10) 政策指在特定情境下打算实现有价值的目标的行动选择过程。这个定义强调基于价值的判断驱动政策，因为每一种选择都基于某些价值观或一套有价值的原理或偏好 (O'Connor and Netting, 2011)。

(11) 政策为组织的使命提供一般指导，并为实施政策以实现组织的目标提供具体方向 (Alias and Ismail, 2017: 624 - 634)。

本节定位于政府的政策，所以综合上述 11 种定义，接受以下三个重要观点。第一，政策理念源于国家，其产生方式在很大程度上由国家特定的制度决定 (Campbell and Pedersen, 2014: 1 - 35)。第二，对"政策"一词的不同解释极大地影响了特定政策的创建和实施方式以及政策的最终结果是否如预期的那样 (Guba, 1984)。第三，"政策是一种稳定的力量，致力于一致性、稳定性和连续性。从理性的立场来看，它具有很强的人文和社会内容，是基于权力和政治的考虑。政策既有命令的来源，也有一致同意的来源 (Pfiffner, 1960)。"所以，政策是给政府活动烙印的一种标识，是政府以一定的价值观为导向，按照国家制度原则，在一定时期和特定情境下为解决或改善问题、实现国家既定目标和战略意图而制定和实施的一种行动规则。在中国，政策的特色在于政策具有极强的动员力和号召力，政策目标不仅指向增强国家实力，更强调以人为本，即国富民强。

二 政策属性

属性是指人类对于一个对象的抽象方面的刻画，哲学中的属性一般指属于实体的本质方面的特性，凡是具体的概念都是在事物本质属性的基础上抽象出来的。因此，要识别出政策属性，必须把握好以下三点。第一，政策是一种社会实践，是由需要引起的。需要指调节和调和矛盾的主张，在那些确实有共同目标但发现彼此合作不合理的人中间建立起集体行动的激励机制（Frohock, 1979: 3）。第二，政策要与"决定"区别开来，政策不容易与"行政管理"区别开来，政策涉及组织内和组织间的关系，公共政策涉及公共机构这一个关键但非唯一的角色（Hogwood and Gunn, 1984: 19-20）。第三，政策通过行使合法权力来维持秩序，无论是直接授权还是间接授权，均由适当的专业知识提供信息（Colebatch, 2002: 7）。

列文（Levin, 1997: 19-20）将政策属性总结为以下四点。第一，政策意味着归属性（Belongingness）。政策属于某个政府实体，如是属于政府政策，还是属于政府部门政策。国务院出台的政策和商务部、教育部、民政部、卫生部等政府各部门出台的政策、中央和地方出台的政策都是有差别的。第二，政策意味着政府承诺。第三，政策具有某种合法地位。让人民接受它并承认它对资源的强势所有权。第四，专一性（Specificity）。政策必须至少具有某种程度的专一性，以区别于其他政策。如养老服务政策与卫生政策、卫生政策与社会保险政策、金融政策与财政政策的区别和联系等都需要对各自的专一属性的辨别。列文的总结不仅具有代表性，而且在政策研究领域得到认可，并产生广泛的影响。

根据上述分析可以认为，政策属性是指对于政策的品质、性格或特征的抽象方面的刻画，是蕴含在政策内的一种内在标识。政策属性分为共有属性和特有属性。政策的特有属性是指为某政策独有的而为其他政策类别所不具有的属性。人们就是通过政策的特有属性来区别和认识政策的。概括地说，政策的权威性、合法性、意图性、实践性、过程性、关系性等都是政策的共有属性。只有归属性和专一性才是政策的特有属性，也可以称为基本属性。只有认识和掌握政策的归属性和专一性，尤其是专一性，才能增强政策的辨识度，提高不同政策之间的区别度，才能保证具体政策制定和实施的正确方向。

三 政策类型

除了阐释政策定义和政策属性，有必要附带提及一下政策类型。政策类型类似于药用植物科属分类，对于理解政策标识、政策定义和政策属性有意义。划分政策类型的原则或者说依据主要有四个，需要说明的是，所列举的这四个观点不具有穷尽性。第一，政策形态学的特征是多元性、概括性、抽象性和中间性，应以此为标准划分政策的类别（Nicolaidis, 1960: 74）。如将政策分为有意图的政策、实施中的政策和经验中的政策（Guba, 1984）。第二，理想的情况是，政策分类应该是穷尽的、互不相交的、毫不含糊的、可操作的、理论上有意图的（Wade, 1972: 17）。例如，政策有内部政策和外部政策之分（Almond, 1990: 91），以及按照意图把政策分为战略性政策、立法性政策、计划性政策和操作性政策（Westhues, 2003: 9-12）。第三，可以根据政策不同的用途进行划分（Hogwood and Gunn, 1984: 13-18）。第四，从政治关系角度来进行划分，即政治关系由政策类型决定，以至于每一个政策都可能有明确的政治关系类型（Lowi, 1964: 677-715）。如用"权力的竞技场"方法把政策区分为分配政策、制宪政策（Constituent policy）、监管政策、再分类政策四种类型（Lowi, 1972: 298-310）。

综上所述，政策可以根据陈述、准则、设置、过程、专业知识、指向等多种指标进行分类。分类的好处在于政府可以确定国家战略的优先次序、轻重缓急和分类指导等。至于用何种指标、如何分类，则需要根据具体的研究任务和实际政策工作要求而定。

四 政策定义、政策属性和政策标识的关系

通过以上分析，可以确定政策标识说为政策定义和政策属性提供了概念框架，并将政策定义和政策属性统领和整合起来。可以这样陈述政策定义、政策属性和政策标识的关系：政策标识、政策定义、政策属性层层递进，由表及里。政策定义是政策标识给政策印上的是这个政策而不是别的政策的识别记号；政策属性就像植物的药用属性那样，是政策标识给政策规定的、任何一个政策特有的、区别于其他政策的、能够辨别的内在特质。如果说政策定义是政策属性的外显和表白，是在政策本质属性的基础上抽象出来的，那么政策属性就是隐含在政策定义内的无形的品质。政策定义需要标记，政策属性则需要我们根据政策实践活动和主观思维活动，通过定义标记挖掘和表达出来。总之，无论是政策标识，还是政策定义和政策属性，似乎都不是一种自我定义的现象，而是一个分析范畴，其内涵和内容需要由分析者来确定。因此，依据政策标识来界定政策，为避免政策定义上的混乱和识别问题以及确定适合解决问题的概念等提供意识形态上的指导。

第四节 政策标识对政策科学发展的建议议题

政策科学的繁荣和发展离不开众多政策概念的支撑。政策标识概念的提出，以及对政策定义和政策属性的重新标记为推动政策科学的发展提供了一个支点。本节尝试提出政策标识引导未来政策科学发展的五个关键建议议题。

政策标识刻励我们重新厘清政策科学领域概念之间的区别。通过检索公共政策文献，在界定公共政策时，有从政策推广到公共政

策的（Hogwood and Gunn, 1984: 19 - 24），有交替使用政策和公共政策的（Cairney, 2012: 15），也有讨论政策研究与政治科学区别的（Goodin, Rein and Moran, 2006: 3 - 7），但似乎没有认真阐明政策和公共政策之间关系的研究。因此，未来需要我们阐明政策和公共政策的区别和联系，同时查找其他还没有厘清的概念。

政策标识鼓励我们重新探究政策科学领域已有的主流概念。例如，虽然政策知识和情境性等概念是政策科学的基础性概念，但政策科学家对于政策知识和情境性等概念本身的阐述还不够，大部分情况只是运用这些概念分析和阐述理论和实践问题，仍然需要继续挖掘或重新分析。再如，如何用中国政策元素和政策实践来改进和拓展国家计划编制理论和社会计划编制理论将是个挑战。类似的还有如何用中国政策元素和政策实践扩大和充实政策范式、隐性知识、政策网络、政策教训和政策移植等概念和政策过程理论等。本书将尝试在后面几章或以后的研究中对此进行深入探索。

政策标识策励我们丰富完善政策科学领域新兴的、或冷僻的、或被近乎遗忘的概念。例如，元政策（Dror, 1971b: 74）、政策认识论、生命历程政策和政策领导力等概念，虽然有研究，但广泛传播度和认可度还不够，还没有上升到政策科学的主流层面。针对元政策、政策认识论、政策成功、政策异化和政策整合等概念，如何从意识形态层面和经验层面来深化理论和经验研究，并将其付诸实践，需要政策科学家认真探索。在这方面，生命历程政策或许是一个可借鉴的成功范例（Leisering and Leibfried, 1999: 167 - 181; Anxo and Boulin, 2006: 319 - 341）。针对政策领导力的概念，虽然有了"政策领导者引导个人或群体的行为以达到最佳政策目标的能力"，"政策领导者为确保内部和外部政策环境持续有利于政府的宗旨、文化和不断变化的情况而开展政策活动所具备和展现的能力"等定义

(French, 1978：10；Lynn, 1987：179；Dyson, 2007：27；Alias and Ismail, 2017：624 – 634)，但政策领导力与政策能力、领导力、政治领导力三者的关系，政策领导力的分析框架、考量指标和实践意义等需要从管理学、社会学、政治学等学科中汲取养分，进行跨学科的交叉研究。类似的还有政策结果的概念，如第一章所说的结果导向议题，结合中国政策实践特色，值得推陈出新。

政策标识策励我们创新和提出政策科学领域的新概念和新理论。实际上，政策标识的提出，本身就是政策科学领域的概念创新，还有第一章提出的民主集中制政策科学的概念。当然，这些政策科学新概念能否立得住，是否具有解释力，可否推广运用，需要理论和经验研究以及政策实践来检验。例如，虽然政策科学家已经用解释学来理解和解释政策科学，但如何从解释学与政策科学之间的关系中引申出政策科学新概念也将是一个新的探索议题。此外，像政策科学的先驱那样，如何继续从哲学、自然科学、社会科学、行为科学等其他科学学科中引进可利用的、可靠的、恰当的、适合政策科学的概念和新的政策理论，以此来扩展政策科学的研究边界，都是重要的议题。

政策标识劝励我们积极发展"新政策科学"。政策科学如今面临的问题与其说是生存问题，不如说是以何种形式生存和朝着什么方向生存，呈现怎样的形态和价值的问题（DeLeon, 1988：1 – 10）。德莱恩和沃根贝克（DeLeon and Vogenbeck, 2007：12）告诫我们：如果当代政策科学真的处在一个转折点上，那么所面临的挑战就是如何理解世界是如何发生变化的，以及为什么会发生变化。有了这方面的知识，政策科学家必须重新审视自己的概念和方法，确保储备充足，以便了解当代的迫切需要，并提供适当建议。如果他们在这些努力中步履蹒跚，那么政策科学确实正处于危险的十字路口。

因此，新的政策科学不仅需要纳入政策分析和政策过程研究，也需要纳入上述清晰的和新的政策标识概念。

第五节 政策标识对中国政策发展的建议议题

中国经济社会的蓬勃发展，推动了政府政策活动的激增，由此也促进了政策研究的繁荣。政策标识对于规范政策、提高政策研究和政策活动的水平发挥着多方面的、积极的和重要的作用。本节尝试提出政策标识引导未来中国政策发展的三条关键建议议题。

（1）政策标识敦促我们要促进政策和法律的整合。现实的情况是，政策与法律存在一定程度上的分离。政府只把立法作为工作的合法依据，也就是说，有了立法，工作就有了权威地位，工作就可以开展了。至于实际的政策运转，则主要依靠规划、意见、通知等临时性文件。学术界或者对于法律和政策的关系认识不清，或者过于强调政策和法律的区别，而不是把法律看成促进政策和法律整合的重要组成部分。例如，政策与法律的互补谐变关系探析（李龙、李慧敏，2017：54-58），把国家政策作为民法法源（张红，2015：133-155），生态保护补偿的政策与法律的双重审视（王清军，2018：154-164）等，或者认为法律就是一种政策。实际上政策是通过法律、法典或公共或私营部门的其他机制制定、启动和实施的一项行动计划或一系列行动（Bogenschneider & Corbett，2010：7）。而且正如前文所述，将政策视为比任何时候都由政府部门管理的有形立法和条例更广泛的东西似乎是有益的（Heclo，1972：83-108）。因此，促进政策和法律的整合将是政府界和学术界的一项重要任务。

（2）政策标识提醒我们要区分好公共政策与行政决策的关系。

行政决策是决策科学和公共管理的概念标识，目前中国学术界对公共政策与行政决策的关系的研究还不够充分，需要强化。研究公共政策与行政决策的关系时要清醒地意识到，把某事"作为一个政策问题"来做就相当于把它作为一个一般规则来做，这就是"政策"和"行政"之间的区别（Wilson，1887：197-222）。公共政策是政府针对公共领域制定和实施的政策，是一个选择战略和做出选择的过程（Raipa，2002：11-20），而公共决策是行政程序之一，是一种行政管理活动，公共部门的决策过程涉及多维度的公共部门，无论是地方政府、国家政府还是其他公共机构，每天都在做出决策，但决策的类型各不相同，决策的目的是为一个组织的未来发展或政府部门的更好管理采取措施。政策制定是一个总的过程，它的质量取决于组成公共政策系统的各种单位的决策和次级政策制定的质量，这些单位包括个人、小群体、组织和政府机构，组织决策是公共政策制定最重要的要素（Dror，1968：7-8）。因此，研究公共政策与行政决策的关系一定要在立足中国实际国情的同时，不要忘记借鉴国际上已有的研究成果和经验。

（3）政策标识告诫我们要明确各项政策的基本概念和属性。例如，当下炙手可热的养老服务。查阅政府出台的养老服务政策文件可以发现，政府始终没有为养老服务确定一个明确的定义，对养老服务的基本属性也不清楚。这就导致出现养老服务的服务对象和服务项目、政府和市场职责界定不清，过分强调标准化建设和量化考核、滥用养老服务质量的概念等问题。实际上，养老服务属于社会福利服务，服务项目和政府职责应该是可以明确的。养老服务的专一属性决定了考量养老服务质量时要更多地强调质性特征，不能完全套用 ISO 9901 中的定量方法（李兵、庞涛，2018：97-104）。再如，"医养结合"，它的概念是什么、本质是什么，需要搞清楚。国际上已经有了"整合照料"（Integrated Care）的概念，二者是怎样的关系也需要搞清楚。如果医养结合的概念立不住的话，武断地从医养结合的概念出发，要在养老院里建医院，医院里建养老服务，甚至独立于养老院和医院之外搞个第三种机构——医养机构，这样就会使政策偏离正常轨道，更为严重的是可能危害国家的社会福利事业的发展。所以，无论是政府界还是学术界，为了更好地推动国家经济社会发展，都应该静下心来，认真梳理和明晰各项政策的定义和属性，查缺补漏，保证政策制定的正确方向。

总　结

政策标识作为统领的概念，为政策定义和政策属性提供了认识论基础，而政策定义和政策属性是一系列衍生出的政策概念的内核，并为政策概念提供内生定力。衍生出的政策概念有名称上的，如大到公共政策、社会政策、经济政策等，小到具体的卫生政策、交通政策、教育政策等；也有实践上的，如政策创新、政策制定、政策贯彻落实、政策监管、政策业绩等；还有研究上的，如政策科学、政策分析、政策过程等。总之，无论是政策实践活动，还是政策研究活动，都离不开对政策定义和政策属性的精准识别和界定。围绕着政策标识，丰富完善已有的政策概念和理论，创新政策概念和提出政策新理论都有很大的可探测空间。

第五章　政策解释学和政策科学运动[*]

政策科学是在 19 世纪欧美以问题为导向的实证研究的基础上发展而来的。受到流行于经济学、社会学、社会统计学和管理科学等社会科学中的实证主义研究方法的影响,实证主义在政策科学中一直占据着主导地位。但随着政策科学的演进,传统的以经验调查、数据收集和统计分析等定量技术为主的实证主义方法已经不能满足政策研究的需要。最近 30 年,强调对政策的理解和解释的方法应运而生。在政策科学运动中,如何提高政策科学的解释力,如何丰富政策科学的方法论工具,如何用一个政策概念将各种理解和解释性方法整合起来,并对政策科学研究提供指南,需要我们深入探察。

第一节　解释学和政策科学研究回顾

解释政策的研究思想源于 19 世纪末 20 世纪初欧洲社会哲学家的分析哲学,解释政策是从解释性社会科学中汲取养分演化而来的。通过文献检索可以发现,解释政策的研究主要集中在解释性政策分析(Interpretive Policy Analysis)、解释性政策探究(Interpretive Policy

---

[*] 本章曾发表于《行政论坛》2021 年第 4 期,内容有修改。

Inquiry)、解释学和政策分析（Hermeneutics and Policy Analysis）三个方面。

一 解释性政策分析

（1）如何表达政策的意思。亚诺（Yanow）的两个观点值得注意。第一，政策的含义很重要，但理解这些含义需要深思熟虑。政策解释不仅要问政策意味着什么和政策如何意味着这些内容（Yanow，1995），还要问什么政策相关要素携带或传达意义，谁在制造它们，以及它们是如何被传达的（Yanow，2007：110-122）。第二，"政策"作为一个概念，其本身是如何被理解的，有时指一项立法，有时指一套实践。一项政策可以被看作对政府的要求，至少是要求被关注，也可能是要求实质性的回应（Yanow，1996：13-15）。

（2）解释性政策分析的定义。亚诺（Yanow，1996：8-9）认为，解释性政策分析是一种侧重于政策含义、政策表达的价值观、情感或信仰，以及这些含义被传达给不同受众并被其"阅读"的过程的方法。从定义出发，亚诺提出需要解释性政策分析的原因和基础。第一，人类的感知不是"自然的镜子"，而是对它的解释。也就是说，包括政策分析在内的人文科学产生了对其主题的解释，而不是对其的精确复制。从这个角度来看，对于一个政策问题，没有一个单一的、正确的解决方案，所以我们需要一种解释性的政策分析方法（Yanow，1996：4-9）。第二，解释性政策分析寻求理解行动者在特殊情况下实践推理的意图（Yanow，2000：23）。解释性政策分析需要在公共政策研究中应用建立在解释性哲学的本体论和认识论基础上的方法，它的核心特征是它对意义的关注。因此，解释性政策分析是针对具体情况的，而不是一般定律或普遍原则（Yanow，2007：110-122）。

(3) 解释性政策分析的方法。解释性政策分析将政策分析视为一个寻求问题的探究过程，而不是一个旨在提供正确答案的工具和技术的集合 (Dunn, 1981：3)。实证主义知识不会给我们关于行动者在某种情况下所产生的意义的信息。与基于实证主义哲学的政策分析方法不同，解释性方法质疑中立、无偏见观察的可能性，认为事实和价值之间的严格区分在本体论上是站不住脚的 (Yanow, 1996：15)。有充分的理由认为，解释性方法比更主流的实证方法更适合政策分析的目标，特别是在社会福利政策和外交政策的某些领域，在这些领域，对所涉行为者的意图和自我理解进行微妙和同情的评估对于政策的有效性和公正性至关重要 (Jennings, 1983：10)。如何实施解释性研究，亚诺 (Yanow, 2000：22) 认为包括以下四点。第一，识别作为意义载体的人工制品（语言、物体、行为）。第二，确定与政策相关的解释群体，他们是这一意义的感知者。第三，识别传达这些意思的话语。第四，找出表明不同群体对某项政策的某个方面赋予不同含义的冲突点。

(4) 解释性政策分析之所以特别难以实施，是因为方法和理论相互渗透。更确切地说，分析的理论和实践之间的关系是密不可分的，充满了各种难以捉摸的上下文判断，这些判断在研究方法或规程中都无法形式化 (Wagenaar, 2011：3-23)。

总之，政策分析的解释方法不是单一的方法，而是一系列的方法。不同的解释理论和方法对解释的对象（意图、原因、传统、故事、话语、标记系统）有不同的理解，遵循不同的方法，并基于不同的哲学先入之见进行操作，但它们的共同假设是，政策的制定和执行，或者更广泛地说，政府机构、公职人员和公众的活动和互动，除非我们理解它们的相关含义 (Bevir and Rhodes, 2003)，否则无法得到正确的理解 (Wagenaar, 2007a：429-441)。因此，政策分析者应该密切关注解释方法所能提供的洞察力和技术。

二 解释性政策探究

解释性政策探究的一个中心原则是：本质上人类是意义的创造者，从事受规则支配的社会实践，他们的自我认同是在这些秩序中和通过这些实践形成的（Jennings，1983：3-35）。解释性方法中的政策观点的经验假设只能通过研究来建立，这种研究用某种方式考虑到了研究者自己的观点、对自己的行动和社会的理解（Paris and Reynolds，1983：178）。解释性研究的意义在于它认识到主体主义取向是描述和解释社会现象的主要方式，并且这种描述和解释与意识形态有着不可分割的联系，因此也与规范性考虑和更广泛的世界观有着不可分割的联系（Paris and Reynolds，1983：178）。

也有学者通过对标准观点固有缺陷的介绍，通过对实证主义和解释主义范式的反思，陈述了一个系统的和有哲学基础的解释性的观点，他们认为这种探寻对于阐明一个能够整合和指导与政策有关的研究和行动的系统框架是必要的，并对政策制定具有积极影响（Healy，1986：381-396）。尽管这一解释性政策探究既强调了传统分析的局限性，又帮助我们从人的角度把握政策过程，但并没有系统阐述解释的立场，因此需要有明确的批评立场和观点（Torgerson，1986：397-405）。

三 解释学和政策分析

解释学和政策分析方面主要有以下几个代表性研究成果和观点。

（1）任何政策分析都必须与其预期用途的情境相适应。解释学政策分析可被定义为通过分析者和行动者的参照框架之间的交流，根据对可能的更好条件的理解而得出的标准，以及对现有条件进行评估并探索其替代条件的方法（Dryzek，1982：309 – 329）。

（2）解释学政策分析自觉地将自己定位为理性、经验主义政策分析的替代方法。更重要的是，在阐明哲学解释学的原则，并强调其对政策分析的影响时，展示出一种对话的解释方法对政策分析的可能性。事实上，正是对话政策分析推进了拉斯韦尔乐观地归因于政策科学的民主潜力（Wagenaar，2007b：311 – 341）。

（3）需要提出一个修正的、更以行动者为中心的定理，通过对不同类型或"顺序"的政策异常（Policy Anomalies）以及异常定义在构建新范式中的作用而进行更精确的理解，以此来理解范式和范式内政策变化的类型（Wilder and Howlett，2014：183 – 202）。

（4）解释学关注的是在所有形式的符号互动中对意义的解释：仪式、建筑风格、文化制品等。解释学的议题是如何解释这些交流形式，并辨别其中的含义。不同的复杂性理论家发现现象学、解释学与复杂性理论的含义之间有相似之处。所有这些理论家都同意，复杂性理论迫使我们至少质疑甚至放弃牛顿、笛卡尔和实证主义者对现实和知识的假设（Morçöl，2012：168 – 170）。

（5）后实证主义允许把政策变化描述为一个需要解释方法的解释学问题：随着时间的推移，通过确立定义和同意社会问题的含义，使政策发生了变化（Kay，2009：47 – 63）。

（6）还有学者将客观性解释学运用到政策评估中（Mann and Schweiger，2009：445 – 457），以及运用到社会建构主义解释政策中（Schneider and Ingram，1997：150 – 188；Stone，2002）。

尽管已有的文献中出现了政策解释学（Policy Hermeneutics）的提法（Yanow，2007：110 – 122），但没有关于政策解释学的系统阐述。不过以上三种方法论从不同视角阐释了解释性政策的意义、含义和原则，以及方法论立场，都不同程度地运用了解释学的原理和方法。这足以说明解释学中许多复杂的理论问题与几乎所有人都关心的实际问题是不可能分开的。同时，解释学作为一种方法论，它所探索的条件和标准，能够确保对政策文本和政策活动做出负责任的、富有成效的，或适当的解释（Thiselton，2009：4）。这就为构建政策解释学提供了必要的支撑。因此，为了拓展和加深政策科学的研究，本章尝试从三个来源构建政策解释学框架。一部分来源于上述的解释政策的研究，一部分来源于哲学思想，一部分来源于政策科学/政策分析本身。

第二节　政策解释学的定义

解释是对文本、标记和物体意义的归因（Teichert，2020：123－138）。解释学（也称诠释学）起源于基督教的文本解释，在19世纪后期发展成为一门哲学和文本解释的方法论，并形成了一套理解文本的规则或原则。当解释学转向哲学后，它就成为一种哲学知识理论，主张所有要理解的情况都必然涉及解释和应用（Schmidt，2006：2），并且它寻求对人类各门科学的认识论和方法论给予指导。它具有多学科的性质，通常以一种理论的形式出现，这种理论承诺为解释各门学科制定规则（Thiselton，2009：4）。解释学由此可以被定义为"理解操作的理论，它与文本的解释有关"（Ricoeur，1978：1－3）。既然解释学关注交流中的"意义"的解释，特别是书面交流形式，那么政策当然可被看作被阅读和解释的文本（Morçöl，2012：168－170）。随着科学的发展，解释学现在已经将其关注点扩展到对文本的忠实描述和结构分析之外（Bauman，1978：23－47），如交流行动。需要承认的是，对政策科学产生重大影响的古典实用主义哲学和解释学并没有多少交集，古典实用主义发展了自己的标记理论，这一理论成为解释的一般理论和知识获取中的解释理论（Vessey，2016：34－44）。但古典实用主义和解释学都强调行动是解释经验的一种方式（Heelan and Schulkin，1998：269－302）。当代新实用主义更是受到了哲学解释学的影响，出现了实用主义解释学（Shalin，2007：193－224）。这说明政策科学要发展，除了继承实用主义哲学思想，还要吸收哲学解释学的思想。因此，政策解释学（也可称政策诠释学）就是把解释学作为政策科学研究的认识论和方法论，针对政策文本的意义及其对政策活动的影响所做出的解释，它是对政策文本、政策标记及其物体意义的归因。具体来讲，政策解释学就是确定具体政策的具体含义、意图和制定，如何传达和解释这些含义，以及这些含义被传达给不同受众者并被他们"阅读"的过程（Yanow，1996：8－9）。此外，在政策分析中，解释学方法要求关注与政策相关的文本，如立法记录、机构信函、年度报告、会议纪要等（Yanow，2007：110－122）。正如上文所述，政策解释学不仅要问政策意味着什么和政策如何意味着这些内容，还要问什么政策相关要素携带或传达的意义，谁在制造它们，以及它们是如何被传达的。政策解释学是哲学上的解释学和政策科学相结合的产物，为理解政策提供了一个思考框架，它吸收了自然科学中的客观性、准确性和再现性等一些优点（Richardson and Fowers，1998：465－495）。政策解释学成为理解政策文本和政策运行的一种理论，理解这一理论需要把握好以下五点。

第一，对于政策文本来说，任何成功的理解理论都必须在事实之后，在已有理解或解释的情况下开始。理解就是我们所说的这个过程，通过这个过程，一个内在的东西被赋予一个复杂的外部感官标记。由于解释学从对一般理解的分析中得出普遍有效的解释的可能性，所以只有在与书面文件相关的情况下，理解才能获得普遍的有效性（Dilthey and Jameson，1972：229-244）。第二，政策解释学应该是对"事实性"的解释，即在政策中存在的表达（Figal，2009：255-262），"事实性"的解释往往具有揭示"真实"情况的性质。因此，政策科学家要关注既定政策与这些政策的实际情况之间的差异或分歧。第三，分析者-研究者本身也是意义的创造者，同时也是这些意义创造过程的行动者。政策解释学需要关注和分析研究人员获得和生成这些意义的方法。换句话说，政策解释学需要对这种分析方法进行规范和发展（Yanow，2007：110-122）。第四，解释的本质是从一个标记系统（简称"文本"）来解释比它的物理存在更多的东西。也就是说，文本的本质是指我们理解它的意思是什么（Hirsch，1972：245-261）。第五，政策解释学强调情境主义（Contextism）的解释。部分意义只能从情境中发现，最终从整体中发现（Gadamer，1994）。情境性原理，即作为一个重要的解释标准的情境连贯性对于解释政策本文至关重要（Rescher，2007）。

里克曼（Rickman，1990：295-316）指出："对准确理解和解释的标准进行评判，需要对真理理论、证明、验证、证伪以及类似的复杂问题进行实质性讨论。"在政策解释学中，需要考虑里克曼提出的四个标准。第一，观察或抽象推理中的理解，最终没有外部标准。第二，客观性和真实性在理解中得到保证。共识是一个重要的标准，有时是普遍共识，有时更恰当地说，是专家的共识。第三个标准是连贯性，这在政策领域中具有特殊的重要性。第四个标准是务实。简略地说，它意味着根据基于这些条件的行动的成功来判断理论。第五，解释的目标是将文本融入读者的世界。解释学的理解是，好的解释结果不是获得关于一个对象的信息，而是将文本意义整合到读者的概念和规范框架中（Hirsch，1972：245-261）。需要指出的是，这些标准仅仅是一种明智而谨慎的研究方法的指导方针。

针对上述定义和评判标准，政策解释学理论不应该把描述性和规范性的解释学混在一起。理论家应该把解释学的描述性维度（解释的本质）从规范性维度（解释的目标）中分离出来。通过同样的推理，可以方便地从解释的性质中得出永久性的、规范性的解释原则（Hirsch，1972：245-261）。

第三节 政策解释学的方法论思想

人类从事各种活动时总是要或多或少地研究出这样或那样解决问题的方法。实证主义者认为只有自然科学的方法才是科学的方法，而人文科学、社会科学和政策科学只有在这些方法适用的范围内才称得上是科学。然而，客观性获得的方法论保证只是一般方法论的任务，而不是针对特殊学科方法的具体问题（Seebohm，2004：153）。而解释学的各个分支则对于在不同具体领域中的一般原则的应用感兴趣，把弥合解释主体和被解释现象之间的距离问题放在中心位置，同样能够用它的原则为客观性提供方法论上的保证，并且能够发挥其在解释和理解上的优势，如解释学作为一种可信的、严谨的和创造性的策略，可以用于解决政策实践中的政策问题、政策情境和政策论证等。解释学作为一门思考和解释的艺术，它也许是定性方法中最全面和最系统的一种方法。它之所以被选为一种合适的研究方法，是因为研究的目标是解释人们如何理解与判断技能的结构和实践（Paterson and Higgs，2005：339-357）。解释学要求我们尽可能利用我们掌握的信息和理性资源来解决问题（Rescher，2007：1），但它只限于给特定的需要解释的科学提供方法论指导，目的是尽可能避免解释中的任意性（Grondin，1994）。既然政策解释学来源于哲学上的解释学，作为政策科学的一种方法论，那么自然要包含和吸收解释学和社会科学中的一些方法论思想，如客观解释学、批判解释学、扎根理论（Grounded Theory）和叙事政策分析（Narrative Policy Analysis）等。本节提炼出 10 个政策解释学关键的方法论思想，供政策研究者思考和研究。

（1）政策科学是一门规范性的科学，包含解释学的维度，政策科学的解释学维度需要一个规范的基础。主体间交流是理解政策解释学的基础和前提（Apel，1992：247-270）。

（2）解释学是在承认本体论主体性的基础上，从他人的角度理解事物，理解可能影响其观点的政治和社会情境，从而解释人类行为意义的过程。政策研究的解释方法可以借鉴起源于韦伯等人的"理解"（德语 verstehen）概念，如理想类型。这个术语阐明社会现象必须从社会行为者的角度来理解的观点（Kay，2009：47-63）。理解社会学对政策解释学的意义在于韦伯的理想类型的概念经过一定的修正，与政策解释学的原则是相容的。解释性历史探寻（Interpretive Historical Inquiry）是一个有价值的战略概念（Kedar，2007：318-345），但需要研究政策解释学和韦伯的理想类型理论之间的相似和差异之处。

（3）方法论解释学最重要的部分是解释学和批判的层次理论，方法论解释学的任务是分析可能的错误来源，以及已经实践的方法的局限性（Seebohm，2004）。方法论解释学表明政策文本中的有效性（validity）概念是一个合理的概念。

（4）解释学方法是应用于有意义材料的假设-演绎方法，如政策文本。假设-演绎方法旨在提出一套有关我们正在研究的主题事项的假设。结合我们的信念，这些假设形成了一个全面的假设-演绎系统，这在逻辑上是一致的，并且与我们的一切经验相吻合（Føllesdal，1979：319-336）。在政策解释学中，如何形成和运用假

设 – 演绎方法需要探索。

（5）客观解释学方法。客观解释学是可以想象到的最定性的方法，因为在所有方法中，它离定量方法最远（Mann and Schweiger, 2009：445 – 457）。运用客观解释学的政策科学家应当认识到，与自然科学不同，政策解释学的重点是重建现实，即揭示既定政策文本的全部含义。

（6）作为意义理论、行动理论、经验理论的批判解释学，它能否成功运用到政策科学领域取决于它用行动和经验阐明政策意义的理论能力，以及我们对政策意识形态问题的理解能力（Roberge, 2011：5 – 22）。

（7）解释学圈（Hermeneutic Circle）也许是解释学理论中最具共鸣的思想，并被大多数解释学研究者所采纳。它关注在一系列层次上部分和整体之间的动态关系。从分析的角度来说，它非常有效地描述了解释的过程，并说明了一种动态的、非线性的思维方式（Smith, Flowers and Larkin, 2009：18 – 19）。解释学圈为政策科学研究者提供了一种有用的概念和思考方法。

（8）扎根理论方法与社会科学的实证方法非常不同，因为它考虑到了内在构成它的双重解释学。因此，在基础理论分析中，所涉及的论证并不需要自然科学中的演绎类型。扎根理论运用到政策解释学可以基于这样一个假设，即通过扎根理论探究政策文本的意义将与和解释者共享政策文化的观众产生共鸣，这样观众就会认同这种解释（Rennie, 2000：481 – 502）。

（9）叙事政策分析的目标是建立叙事分析方法的有用性，使人们能够以不同的方式重新研究日益棘手的政策问题。叙事政策分析的关键观点是，通常用于描述和分析政策问题的故事本身就是一种力量，在评估政策选择时必须加以明确考虑（Roe, 1994：1 – 19）。

叙事政策分析已经是政策科学分析中一个有价值的方法，纳入政策解释学后，与解释性政策分析、解释性政策探究整合到一起，可以进一步提高政策解释学的解释力和说服力。

（10）类别分析检查术语集及其在分类法中的结构关系。类别分析在政策情境下系统地进行，旨在映射类别结构中的"意义架构"（Yanow，2017：407：401－421）。政策解释学将类别分析纳入进来，有利于政策解释学发挥更大的功能。

总之，政策解释学作为解释的理论和实践，试图非常仔细地观察我们思考的方式、我们选择和整理证据的方式，以及我们对证据的理解方式（Scott-Baumann，2003：703－727）。接受政策解释学的效用并不是一个革命性的步骤（Dryzek，1982：309－329）。政策运动是通过科学探寻改进政策活动的共同利益统一起来的（Lazarsfeld，1975：211－222；Brunner，1991：65－98）。政策解释学对于推进政策科学运动无疑具有重要意义。事实上，在某些方面，这是"政策科学运动"的继续，为"民主集中制政策科学"提供支撑，最终目标是在理论和事实上实现人的尊严。在定义了政策解释学之后，本节尝试提出政策分析、政策范式和政策导向的未来研究三个维度的政策解释学应用指南，以推动政策科学运动的发展。

第四节 政策解释学的政策科学应用指南

政策科学可以理解为政策过程知识和过程中的相关知识（Lasswell，1970：3－14）。政策分析为获得政策相关知识提供技术手段。问题导向和情境性是拉斯韦尔（Lasswell，1971：4）政策科学必须努力实现的三个基本属性中的两个，新政策科学倡导结果导向（李兵，2021：68－77），所以解释学在政策科学框架建构中的应用指南重点指向政策知识、政策问题、政策情境、政策结果和政策论证等。

（1）政策解释学的政策知识应用指南。第一，我们所使用的科学知识可以概念化为环境知识、人类知识、控制性知识（或者被称为政策制定知识）三类（Krone，1980：3），需要用哲学认识论和解释学的观点来理解知识和政策的关系，哪些知识是可供政策使用的。第二，需要理解如何选取和选择什么样的哲学和社会科学知识、部分自然科学知识来增加政策知识的积累。第三，需要理解隐性知识的识别和运用。第四，需要理解增加政策本身的知识。第五，需要理解政策知识的提炼、整合和应用。

（2）政策解释学的结构化政策问题应用指南。政策问题是未实现的需求、价值或改进机会（Dery，1984：56），问题结构化方法被用来产生关于要解决什么问题的知识（Dunn，2018：5）。政策解释学从以下五个方面为结构化政策问题提供指南。第一，理解寻求潜在解决方案的问题是什么，即政策问题是什么，这是一个价值判断问题。第二，政策问题是由社会或政治创造的，定义一个政策问题就是一个概念化的集体问题或要处理的挑战问题（Hanberger，2001）。第三，要区分问题和选择问题（Choice Problem），选择问题本质上是确定的问题（Dery，1984：57）。第四，理解要解决什么问题就需要知道问题境况的先决条件，以及有关价值观的知识，这些价值观的成就可能影响问题的定义及其潜在的解决方案（Dunn，2018：5）。第五，关于政策问题的知识还包括问题的至少两个潜在解决方案，以及每个备选方案解决问题的可能性（如果有的话）。实际上就是这些替代方案的潜在结果是什么，它们的价值或效用是什么（Dunn，2018：6）。

（3）政策解释学的政策情境应用指南。情境显然是问题和问题定义不可分割的一部分，因为制定公共政策的情境包括价值观、规范、观念和意识形态，所以技术考虑不足以作为选择的标准（Majone，1989：22）。一方面，情境并不会打乱对政治过程的描述和解释，相反，它促进了系统的知识。情境和情境效应有助于系统的描述和解释，因此对它们的正确理解有助于发现政治过程中的真实规律（Tilly and Goodin，2006：3-32）；另一方面，问题发生的情境不仅有助于决定决策者对事实和价值的看法，而且有助于他寻找、接收和评估这些信息（Wildavsky，1971：139）。因此，政策解释学从以下四个方面为理解政策情境提供指南。第一，检查情境暴露了政策情况的内在限制，并可能揭示政策问题的改进机会（Primm and Clark，1996：137-166）。第二，理解政策理念（Policy Ideas）的作用。参与政策活动的行动者所表达的许多理念是由过去的政策选择和这些选择中所体现的理念所形成的，这些理念构成了影响当代立场和选择的重要的体制和观念基础（Howlett，Ramesh and Perl，2020：55）。第三，政策分析者应了解自己的情境以及直接参与当前问题的行动者的情境。大多政策情境的一个共同特点是来自不同行动者的多个问题定义（Primm & Clark，1996：137-166）。第四，理解制度安排，即国家政治体制、国家目标、经济发展状况，甚至国际组织的影响等对政策活动的作用。

（4）政策解释学的政策结果应用指南。邓恩（Dunn，2018：5）认为，预期政策结果是采用一种或多种旨在解决问题的替代政策的可能后果，而观察到的政策结果是实施首选政策的当前或过去的结果。政策解释学从以下四个方面为理解政策结果提供指南。第一，需要理解政策行动过程及其影响因素，因为它对于产生关于预期政策结果的知识很重要。第二，关于预期政策结果的知识不是由现有情况赋予的。要产生这样的知识，可能需要创造力、洞察力和隐性知识的使用（Dunn，2018：5）。第三，有时不清楚一个结果是否实际上是一项政策的效果。有些影响不是政策结果，因为许多结果是其他政策外因素的结果。重要的是要认识到，行动的后果不能事先充分说明或知道，这意味着许多后果既不是预期的，也不是有意的。幸运的是，关于观察到的政策结果的知识可以在政策实施之后产生（Dunn，2018：5）。第四，针对观察到的政策结果，理解和解释为何有别于采用优先政策之前的预期结果，以及差别在哪些方面。

（5）政策解释学的政策论证应用指南。政策论证（Policy Arguments）是交流分析结果的主要工具，位于政策分析和决策过程的核心（Dunn，2004：422）。政策论证要求定位于定性分析，需要采用解释性政策分析方法。政策论证具有三大功能（Dunn，2004：422），一是引发辩论，提高政策的有效性、合理性和功效（辩证功能）。二是提出最佳有效和经验上合理的结论（逻辑-经验功能）。三是说服他人接受政策论证（修辞功能），而不考虑论证的有效性、合理性或有用性。政策解释学的政策论证应用指南主要包括以下四点。第一，将论证与正式证明（Formal Demonstration）区别开来，认识到论证不是起始于公理，而是起始于意见、价值观或有争议的观点，政策论证需要理解这些意见、价值观或有争议的观点（Majone，1989：22）。第二，政策解释学为分析政策论证的行动命题、政策命题、基础命题、规范命题、外部影响命题、因果命题、工具性命题、时间-地点命题、约束命题、比较命题等10个命题提供帮助（Hambrick，1974：469-478）。第三，在操作层面，本节采纳邓恩（Dunn，2004：422）总结出的四个要点。一是寻找单词、句子和整个论证中隐藏的意思。二是区分单词、句子或论证的表面含义及其在论证者情境中的含义，试着找出你和辩论者在理解上的任何差异。三是遵守解释学的宽容原则，它要求通过接受或试图理解论证者试图说的话来解决意义上的差异。四是寻找那些用来贬损某人或政策的词语。表面上看，这些术语可以是中性的；但是在情境中，它们经常被贬义地使用。第四，把政策分析和规划理解为论证过程，我们能得到什么，面对怀疑论者的质疑，我们能说些什么，这是我们首先需要把握的（Fischer and Forester，1993：1-17）。其次，论证转向需要理解"从以经验分析为主的解决问题的方法转变为在政策制定与规划中以包括语言和论证研究为基本维度的理论和分析方法"，因为"论证转向文献在将话语反思（discursive reflection）和论证的关键作用带回政策分析实践和对当今政策制定动态的理解方面做出了巨大贡献（Fischer and Gottweis，2012：1-27）"。

第五节　政策解释学的政策范式应用指南

著名的科学哲学家托马斯·S. 库恩（Thomas S. Kuhn）在他1962年出版的开创性著作《科学革命的结构》（*The Structure of Scientific Revolutions*）中创造性地为科学家提供了理论、方法和标准的"范式"和"范式转换"两个术语。库恩的"范式"一词有广义和狭义之分（Godfrey-Smith，2003：77；Sabbagh，2020）。从更广泛的意义上来说，范式是特定群体或社区成员共享的信仰、价值观和技术的集合（Kuhn，1996：175）。在更狭义的意义上，范式是解决特定问题的模型或例子的特定答案（Kuhn，1996：175）。每种范式都有两个基本功能：认知功能和规范功能（Rueschemeyer，2006：227-251）。各种范式的总目标是，解释世界，解释我们与世界的关系以及我们在世界中的地位，为满足我们群体或社区的各种需求做出贡献（Gjorgon，2018：67-81）。

根据库恩对范式思想体系的阐述，彼得·霍尔（Peter Hall）首先提出了"政策范式"这一概念（Hall，1990：53-78）。霍尔和后继者的政策范式思想可以总结为以下五点。

第一，政策范式是政策行动者主体间持有的规范性和认知性的观念（Daigneault，2014：453-469）。政策范式可以被视为与政治子系统相联系的智力综合，是相关政策子系统成员持有的一套想法……这些想法塑造了决策者追求的广泛目标、他们看待公共问题的方式以及他们考虑采用的解决方案的种类（Howlett & Ramesh，1995：190）。

第二，在公共政策和政策制定领域，政策范式是为了建立政策背后的广泛目标，政策制定者必须解决的相关难题，以及在很大程度上可以用来实现这些目标的工具。似乎所有领域的政策制定者都受这种范式的指导，尽管这种范式的复杂性和一致性在不同领域之间可能有很大差异（Hall，1993：275-296）。

第三，政策范式有四个基本维度。一是关于现实性质、社会正义和国家适当作用的价值观、假设和原则。二是关于需要公共干预的问题概念。三是关于应追求哪些政策目的和目标的想法。四是关于实现这些目标的适当政策"手段"的想法，即实施原则、工具类型及其设置（Daigneault，2014：453-469）。

第四，政策范式是治理政策过程的框架，是政策产生和实施的强大调节力量（O'Sullivan，1993：246-272）。政策范式是政策结果的决定因素。

第五，通过将元范式（Metaparadigms）与制度创造和破坏联系起来，将它们带到现实中。这可能是政策科学的后续者选择强调范式变化的原因（Wilder，2015：22：19-42）。

在政策科学领域内，政策范式对政策活动的影响可以通过政策解释学来理解，本节尝试性地列举出七个政策解释学的政策范式应用指南。

第一，如何利用政策范式概念，更好地理解国家自主权的变化。对于由专家或长期任职的行政人员监督政策制定和运行的机构环境，政策范式可能会产生哪些最大的影响。在这样的环境中，政策范式很可能与牢固确立的操作程序和部门惯例交织在一起，那么如何理解"制度惯例中嵌入了政策范式"这一命题，等等（Hall，1993：275-296）。

第二，理解范式对政策制定有哪些直接影响，值得思考的有三点。一是理解范式通过其认知功能影响对政策问题的认知（Gjorgon，2018）。二是如果主导范式允许决策者将某个条件或过程视为一个政策问题。三是是让这个问题成为官方和利益相关者政策议程的一部分（Rochefort，2007：71-75）。政策制定过程中的第三项功能活动是制定政策，以便处理政策问题（Gjorgon，2018）。

第三，为什么对政策范式的描述性研究应主要依赖政策行动者的想法和信念的直接证据，这些证据可以补充但不能被政策朝着预期方向变化的间接证据所取代（Daigneault，2014：453-469）。

第四，在治理政策过程中政策范式这一框架是否体现了语言、规范、认知、经验和方法论的维度。理解它们规定了什么是有意义的问题，如何对其进行主题化和描述，什么是有价值的数据，谁是合法的参与者以及具有什么样的地位，如何制定、实现和评估政策过程等（O'Sullivan，1993：246-272）。

第五，理解范式转变的三个先决条件。一是为什么越来越多的人认为现有的范式不能充分发挥作用。二是为什么越来越多的证据不符合现有的范式。三是令人信服的新范式论证有哪些（Kuhn，1996）。

第六，政策范式通过什么样的"解释逻辑"影响政策动态，对政策变迁的研究为什么应尽可能关注政策的"物质"层面（Daigneault，

2014）。

第七，如何将政策范式和上文提到的政策解释学方法论思想、应用指南以及"政策导向的未来研究"（Dror，1971a：418－431）整合在一起，以推动政策科学的发展。同时思考如何从政策科学主要关心的社会方面进行理解和改进，如何共享当代科学主要涉及的工具－规范知识等方面，以便推动政策科学主要范式创新（Dror，1971b：49）。

第六节　政策解释学的未来研究应用指南

政策预测是政策制定的一个先决条件，它寻求了解未来作为决策的指南。政策预测的目标是通过主观的、创造性的和综合的判断以及客观的和经验的分析方法，产生与所考虑的政策问题相关的关于未来社会状态的信息（Miyakawa，2000：413－416）。预测可以帮助我们积极地控制和塑造未来，指导社会按照期望的方向发展。正因为如此，德洛尔（Dror，1970a：3－16）提出"政策导向的未来研究"这一概念，并总结出"政策导向的未来研究"的15个准则。针对政策解释学在政策预测和政策导向的未来研究中能够发挥怎样的作用，本节尝试性地提出以下六个应用指南。

第一，政策未来研究是一项创造性的活动，因为它帮助我们创造未来；政策未来研究是一项需要想象力的工作，因为它必须面对许多不确定性；政策未来研究需要采用系统方法，因为它必须处理复杂的社会系统（Miyakawa，2000：413－416）。因此，要用主观的、创造性的和综合的判断来理解不确定性的社会系统的复杂性。

第二，经济学和人口学等传统社会科学善于使用定量的方法和模型预测未来。但政策未来研究涉及许多模糊地带和要素（Miyakawa，2000：414－416），无法套用社会科学的定量预测技术。所有要比较政策未来研究和社会科学预测方法异同的研究，都要理解基于统计技术的定量预测模型对于政策未来研究的局限性和适用性。

第三，政策未来研究同时涉及定量变量和定性要素，如何运用场景（Scenario）方法寻找影响政策未来的定性变量，并把它和定量变化结合起来，以便理解组织计划、政策过程和业绩（MacNulty，1977：128-138）；如何运用通用预测系统模型（General Forecasting System Model）研究影响政策制定的主要因素（Murdick and Georgoff，1993：1-16）；如何修正这些预测方法，需要做出哪些修正，等等，都需要政策解释学的介入。

第四，理论预测方法帮助政策分析者根据理论命题以及当前和历史数据预测未来的社会状态。理论预测基于各种理论中包含的因果假设，其逻辑本质上是演绎的（Dunn，2018：119）。政策解释学在如何运用理论映射（Theory Mapping）、理论模型、因果模型等理论预测方法上要有所建树。

第五，直觉、经验和判断等隐性知识是预测过程的一个重要方面，在预测中起着重要作用。通常政府部门很少仅依赖基于机械模型的预测结果。如果预测的科学是模型，那么预测的艺术是相关的个人应用的隐性知识（Pagan and Robertson，2002：152-178）。政策解释学需要考虑把哪些隐性知识纳入政策预测中。例如，如何采用政策德尔菲法（Policy Delphi）的设计（Turoff，1970：149-171）将隐性知识纳入其中的研究政策议题。

第六，针对德洛尔的"政策导向的未来研究"的15个准则，政策解释学需要做的事情主要有以下四项。一是要探察如何将未来的替代选择与当前决策联系起来，以及如何处理未来研究与政策制定之间的衔接问题。二是理解未来研究所涉及的实际或潜在的政策关注事项。三是积极寻找新的想法和新的知识。四是寻找政策导向的未来研究概念的具体化和操作化的方法、步骤和指标。

总　结

　　本章探索性地提出了政策解释学概念和方法论思想，并设计出了政策解释学的政策科学应用指南，虽然较为粗浅、不够严谨和不成熟，但可以确信在政策科学领域，这的确是一个方向性的研究。政策解释学为实现政策科学方法论的多元化提供了一个视角，为推动政策科学运动提供了一个有用的方法论工具，为促进民主集中制政策科学的发展提供了一个支点，也为中国未来的政策发展提供了一个支撑。就中国而言，经济社会一片生机勃勃的景象对政府的政策提出了更高的要求，相应地，中国的政策实践也为完善政策解释学乃至政策科学研究提供了大量可用的素材，需要我们细心发现、提炼和挖掘。

第六章　理解政策行动

行动无处不在，受到行动哲学、人类行动、社会行动、理解的方法和政策过程的共同启发，本章提出"政策行动"这一术语，试图将围绕着政策过程而进行的政策活动纳入其中，适当扩大政策理论理解和解释的边界，即便被认为有想要构建"宏大理论"的嫌疑。本章不仅要将政策行动标识化，还要探讨情境主义、政治性、元治理对政策行动的指导意义。

第一节　什么是理解

理解（Understanding）长期以来被科学哲学家所忽视，因为它被认为是主观的（De Regt，2017：23），尤其典型的是在20世纪50年代和60年代，理解的概念在很大程度上被进行科学解释的哲学家所忽视（De Regt，2019：327-343）。自2000年以来，无论是在科学哲学中还是在认识论中，理解的概念都受到了不同角度的重视，理解为推动科学哲学、心理学、生物学、物理学、工程学、社会学和政治科学等学科的发展做出了重要贡献。理解和行动是紧密相连的，在二者的关系中，理解是对行动的理解；在人文和社会领域，理解是对人类行动或社会行动的理解；政策作为一种人类行动或社会行动，我们必须对它的性质、要素、过程、情境等进行理解。由此推论，理解也应该在政策科学的理论建设上有所作为。

一 理解的性质

"理解"是一个我们和任何人都一样理解的词，但是在哲学上我们并不清楚理解是什么。"理解"这个词抓住了一些重要的概念，足以出现在许多书名中，然而在一个语言分析的时代，它实际上超越了用英语表达的哲学研究（Franklin，1983：307-328）。科学家和普通人一样，通常将理解视为科学研究中最重要和最有价值的产物之一（De Regt，2017：1）。理解的科学意义在于它"涉及世界图景的发展，包括对世界运行的基本机制的了解，这是建立在客观证据的基础上的——我们有充分的理由认为，客观证据实际上或多或少地代表了世界的现状"（Salmon，1998：90）。我们可以从以下几个方面加深对理解的认识。

（1）理解方法提供了不同的简化方法。因此，我们必须学会理解，而不是避免复杂：简单和复杂往往不是研究对象的特征，而是我们对它的理解程度（Laurent，2000：1211）。

（2）理解是一种能力。理解涉及真正地把握现实的某一部分，而不仅仅是享受把握它的主观感觉（Bengson，2017：14-53）。因此，理解应该被定性为一种能力，它不仅应用于对自然甚至人类作为物质实体的科学研究，还应用于社会理解、文化交流，甚至可能是最重要的自我理解（Priddy，1999）。

（3）理解具有目标导向。因为理解被认为是一种基本的认知或认识论活动，它必须至少部分地由我们如何表示被理解的事物来构成（Lombrozo and Wilkenfeld，2019：210）。所有试图理解自然环境、他人甚至宇宙的努力都可以证明是建立在某个目标导向活动的相同基础结构之上的（Priddy，1999）。

（4）理解是一个积极主动的过程。主动理解的特征是质疑的能力，而不仅仅是被动地从他人那里吸收信息，或者从次要来源获得对事实或概括的知识（Priddy，1999）。它需要将事实联系起来，将新获得的信息与已知的信息联系起来，将知识一点点地编织成一个完整而又有凝聚力的整体（Nickerson，1985：201-239）。理解是主动的，不仅包括对理论的理解，还包括运用理论的能力（Strevens，2013：510-515）。

（5）理解是一种行动。理解是对一个相对全面、系统的信息主体的认知承诺，它以事实为基础，对证据做出适当反应，并能够对其相关现象进行非琐碎的推理、论证，甚至采取行动（Elgin，2007：33-42）。理解是能够进行各种各样的行动或"表演"，以显示一个人对某个主题的把握，同时推进它（Perkins and Blythe，1994：5）。

（6）理解是成就的体现。理解被认为是一种认知成就，而认知成就又被定义为由于一种能力的表现而获得的认知成功（Le Bihan，2017：123）。理解这种现象发生的原因是一种认知成就，它比简单地知道现象发生是一种更大的认知成就（Lipton，2009：43）。

（7）理解是科学的中心目标。理解是所有科学活动的核心，没有它，任何表面上的科学活动都像一个高中生把数字代入公式一样毫无结果（Bridgman，1950）。理解的一个关键特征是它涉及一个认知主体（De Regt，Leonelli and Eigner，2009：1）。在科学理解的情况下，这个主题通常是科学家试图理解一种现象，如通过发展一种理论来理解（De Regt，Leonelli and Eigner，2009：3）。虽然理解涉及一种整体的认知状态，而且这种状态超越了对个别命题的了解，但是，采用科学理解的概念来定义理解有一个度的问题，科学理解是掌握如何在正确的情况下正确解释和/或预测目标的某些方面（Dellsén，2016：72－83）。

总之，理解的广度和深度从理解的两个特征体现出来。第一，抓住（Grasping）。抓住是用来描述我们为了获得理解而必须进行的认知操作（Bachmann，2020），理解涉及像抓住联系这样的事情（Le Bihan，2017：123）。第二，事实性（Factivity）。对于客观性理解来说，事实性的问题不能从字面上产生，事实性是命题的一个属性（Kvanvig，2003）。如果理解是事实性的，那么表达理解的命题就是真实的（Elgin，2007：33－42）。

二 理解和解释

我们如何着手实现对现象的理解？是什么解释关系让我们理解了被解释的现象？是什么让这个世界变得"更容易理解"（Friedman，1974；Manicas，2006：13）？理解需要在一个庞大而全面的信息体中把握解释性和其他连贯性的关系（Kvanvig，2003：192）。我们可以从以下两个方面阐述理解和解释的关系。

1. 解释的性质

解释是一种方法，是为什么和/或问题的回答和答案（Van Fraassen，1980）。我们可以从以下六个方面认识解释的性质。

（1）思想史上的解释始于试图从人们持有某一特定思想或信仰的理由方面来阐明（Bevir，2000：395－411）。

（2）一个行动与行动者的思想、动机和信念联系在一起的解释就构成了一种非常常见的解释（Martin，1990：205－233）。

（3）解释是命题的集合，解释是提供解释项（构成解释的命题）和被解释项之间依赖关系信息的一组命题（McCain，2015：827－854）。

（4）"解释"这个术语可以广义地用来指可能好或不好的行动和行动产物（充分的、成功的、科学的），也可以更狭义地用来指那些（被认为）好的行动和行动产物（Achinstein，1983）。

（5）解释的作用在于它应该告诉我们事物是如何工作的，知道事物是如何工作的会让我们有能力操纵我们的环境来达到我们自己的目的（Pitt，1988：7）。

（6）因果解释通常指向过去。解释的有效性取决于因果关系假设的有效性（Von Wright，1971：83）。目的论解释（Teleological Explanation）指向未来。目的论解释的有效性并不取决于其中所涉及的假设的普遍关系的有效性（Von Wright，1971：83-84）。

理解和解释之间有一个重要的区别（De Regt，Leonelli and Eigner，2009：3）：虽然人们可以合理地说理论 T 解释了现象 P，但是如果我们调用一个主体，我们只能说通过 T 来理解 P。换句话说，虽然解释可以被视为解释项（如理论）和被解释项（如现象）两个术语之间的关系，但是理解总是涉及解释项、被解释项和主体三个术语之间的关系。理解的这一特征具有重要的含义（De Regt，Leonelli and Eigner，2009：3-4）：它要求理解至少部分属于语用学领域。当我们想分析如何实现对一种现象的科学理解时，我们不能只局限于分析这一活动中涉及的陈述（如理论、解释）的句法结构和语义内容。将理解视为三项关系之一的另一个含义是接受它可能依赖情境的事实。一个特定的解释是否能让科学家理解一种现象，可能取决于这些科学家所处的情境（社会和物质世界）。

2. 解释和理解的联系

（1）科学的（认识论的）目的是通过提供解释来达到客观的理解（Kitcher，2001）。

（2）理解和解释在逻辑上是相关的，因为解释以理解为前提，而不是结果（Manicas，2008：193-212）。把握一种解释，就是把握两种事实/情况（Strevens，2013：510-515）：第一，命题所代表的事实/情况实际上出现了。第二，命题实例化了规定的结构。其中，理解可以通过抓住不可解释的事实来实现。

（3）传统观点认为理解是一个从根本上重建的过程的结果：理解需要个人能够将认知所拥有的信息拼凑在一起。对解释的重构性说明在一点上是一致的：理解是解释的核心，无论是作为一个智力目标还是作为一种统一实践的手段（Trout，2002：212-233）。

（4）解释和理解为什么紧密相连？事实上，把理解和解释等同起来是很有诱惑力的。解释是"为什么"的问题的答案，而理解似乎只是拥有这些答案。从分析的角度来看，将理解等同于解释也是有吸引力的，因为解释是理解的化身。解释是命题性的和明确的。如果我们把前提作为解释本身，把结论作为对被解释现象的描述，那么它也可以方便地形成论点，所以我们正在指定理解的逻辑（Lipton，2009：43）。

（5）科学的目的是向我们提供对自然界基本过程的理解，这就需要找出世界上起作用的因果机制（Manicas，2006：16）。科学理解是指掌握如何在正确的情况下正确解释和/或预测目标的某些方面（Dellsén，2016：72-83）。

（6）"理解"和"解释"都有许多用途，而且至少在某些情境下是可以互换的（Manicas，2006）。

第二节　标识化政策行动

社会现象是由个人的行动构成的，由他们自己的主观和心理框架以及与他人的关系所导向（Little，2020：7）。因此，在论述政策行动之前,需要对行动(Action)和行为(Behavior)做出两点区分(White,1987:346-366):第一,行动是有意识的和有意图的,行为不是。因此,行动理论使用了一种意图主义的解释模式,这种模式关注行动的动机和意图,而不是行为的原因。第二,行动理论是意向性科学,而行为主义是因果科学;行动理论试图帮助社会行动者定义他们自己的处境和改变处境的方法,而不是让社会科学家为他们定义一种可能与行动者自己的需求和愿望不一致的处境。据此,笔者将政策行动定义为政策行动者,包括政府机构、政府官员、政策执行者和政策相关者,围绕着政策制定和贯彻落实而进行的一系列活动。政策行动是一个三段式构成的连续体:由特定目标或意图引起的;政策行动以政策问题为导向和以解决问题为目的;会导致社会现实的改变。政策行动是位于空间和时间独特的具体实际活动,由以下五个琢面构成。

(1)政策行动发生在由社会建构的共同思想观念、规则、价值观和期望组成的政策网络中。它是一个辩证的过程,通过这个过程,共享的意义被构建、保持和改变(Catron and Harmon,1981:535-541)。政策行动可以分为价值合理性的政策行动和工具合理性的政策行动。价值合理性的政策行动以国家价值为取向,中国的社会主义价值观、社会主要矛盾、以人民为本的政治理念以及人民对美好生活的期望决定政策行动的框架、所采取的措施和行动走向。工具合理性的政策行动以解决实际问题为取向。这两种取向的政策行动经常是混合在一起的。

(2)政策行动需要知识输入。第一,政策行动要使用机构提供的、基于经验的知识。但在高层决策中,更一般形式的社会科学知识(软知识)通常比通过常规信息渠道获得的专门的科学前提(硬)知识更为重要(Caplan,1979:459-470)。第二,研究提供了政策行动可能缺失的知识，可以通过整合、传播和使用研究产生的知识来影响或改变现有政策行动。

（3）政策行动有不同的解释。在某些情况下，可以通过一个政策行动的一些外部原因来解释它。在其他情况下，可以通过更详细地描述政策行动来解释它是如何完成的。更常见的情况是，可以通过描述政策行动者执行操作的原因来解释它。

（4）政策行动是一种规范性行动，指为了正确的事情而采取的行动，旨在达到某种目的的目的论行动（Therborn，2002：863-880）。政府制定政策的目的是为其优先事项服务的。政策行动是一系列旨在带来一系列社会结果的行动，如改善空气和水质、减少车祸死亡、结束儿童营养不良（Little，2020：6-7）。构成政策规范性行动的规范至少可以分为三种主要类型（Therborn，2002）：第一种由构成性规范组成，这些规范界定了一个政策行动系统中参与者和行动者的成员资格。第二种由监管规范组成，表示参与者对系统中任务的预期贡献、参与者的预期绩效或执行效果。第三种是可以区分的分配规范，指定奖励、成本和风险在特定社会体系中的分配方式。

（5）既然政策行动是一种规范性行动，那么政策行动就会具备一定的程式化特征。中国传统戏曲经过长期的舞台实践形成了固定的程式化表演套路。程式化作为戏曲表演的显著特征，具有规范性的基本固定格式（曹江浩，2014：61）。类似地，政策行动也会有固定的行动路线、程序和套路，也会体现出某些程式化特点。因此，本章借用中国戏曲的程式化概念，尝试提出政策行动的程式化理论。中国政策行动的程式化理论有以下五个要点：第一，程式化的政策行动不仅要问为什么的问题，还要问怎么做和做得怎么样的问题。第二，程式化的政策行动将政策过程设定为常规的主线路，政策形势是围绕着政策过程展开的。第三，政策行动比政策过程涉及的范围大，不仅包括政策过程，还包括围绕着政策过程开展的固定的政策活动，例如，政府部门之间、政府和社会之间的政策协调活动、吸收国内外经验教训的政策借鉴活动、治理活动和政策企业家活动等。再如，定期为准备出台的政策或刚出台的政策举行吹风会、新闻发布会、政策解读会、动员会和探讨会等。第四，程式化的政策行动的提出可以将政策行动的主客观要素、政策内在要素和外在要素等有机地结合起来。第五，程式化的政策行动强调政策行动的基本遵循，有路径依赖的成分，但更主要的是鼓励因势利导和推陈出新。总之，程式是较为固定的，人是灵活的。程式主要在于人的运用。同样的程式，对不同的政策有各种不同的理解和诠释，在政策领域中，政策行动者高明与不高明，就看他在政策上如何运用这些程式。

第三节　情境主义和政策行动

拉斯韦尔开创的政策科学始终倡导情境方法，他强调，政策科学具有独特的情境性视角（Lasswell，1970：3-14），政策科学必须努力实现的三个基本属性中第一个属性就是情境性（Lasswell，1971：4）。行动理论也强调我们作为行动者而不仅仅是被动反应者，将意义赋予情境并与他人分享这些意义的共同经历（Catron and Harmon，1981：535-541）。因此，有必要从情境主义的视角理解政策行动。

情境主义只是各种理论的总称（Brendel and Jäger，2004：143-172），其根据情境的复杂性和相互关联性来解释世界（Young，Valach and Collin，2002：207）。情境主义观点的核心是将社会现实视为活跃、持续和变化的事物的概念（Rosnow，1986：4）。情境主义主张，从接近当前问题的角度对特定政策行动进行细粒度分析，可能比从远处反思会产生更好的见解，甚至更实用的行动方案（Kukathas，2004：215-225）。理解政策行动的情境主义观点和设想，需从以下六个方面入手：第一，根据情境主义这种方法，在规范性政策行动论证中对情境的关注至关重要。第二，当政策行动被认为与情境相关联并且在它所属的情境中时，情境性思维变得至关重要。第三，情境主义探究的核心前提是去寻找政策制定者、政策执行者、政策对象以及利益相关者，观察他们如何做你关心的活动，和他们谈论他们当时的想法以及他们当时正在做什么。第四，要寻找情境主义在政策行动、治理和变迁过程中起效应的因素和机制。第五，情境主义作为一种规范的解释方法，可以使用基于经验的概念、所有材料、因素和规则来预测和影响事件的发展，增强对政策行动的科学性、准确性和预见性的理解。第六，在政策情境性分析中，需要探索特定情境下的政策行动如何能够为有关情境下的政策行动实例的规范性判断提供信息。

考虑到理解政策行动需要多种学科的知识，所以本章采用交叉学科的方法提出情境政策行动理论。因为交叉学科的方法不仅能够反映不同知识领域之间不同程度的互动和整合，而且情境化作为交叉学科的一种策略，是一种将学科材料嵌入时间、文化和个人经历的方法（Nikitina，2006：251-271）。为此，笔者借用情境行动理论（Contextual Action Theory）并以此为基础提出情境政策行动理论，因为恰当的借用是理论的上层建筑、科学类型和社会情境和谐一致的结果（Murray and Evers，1989：647-652）。情境政策行动理论是一种用于以实践为目的的综合概念化方法：第一，情境政策行动理论基于这样一种认识，即行动是一种复杂的、多层面的现象，必须从多个角度和组织的多个层面来理解（Domene，Valach and Young，

2015：152）。第二，情境政策行动理论强调行动的目标而不是原因，政策行动是嵌入政策的情境中的，目标和目的定义了政策行动的实用性和我们对它的理解（Young, Valach and Collin, 2002：209）。第三，政策行动的过程和结果不仅取决于投入，而且更关键的是取决于所涉及的政策行动者的特征、认知、动机、信息和权力、资源和权力、公共治理的设置和一致性，特别是他们的动机、信息和权力（Bressers, 2004：32-60）。第四，情境政策行动理论告诉我们，成功解决社会问题必须涉及社会结构的深远变化。

情境政策行动理论的意义在于：第一，提供了一个概念框架来解释目标导向的和有意图的、尽管不一定是理性的解决政策问题的行动。第二，按照这种概念框架的观点，政策问题的识别和确定以及提上政策议事日程必须考虑政治性这一重要的情境因素，而且政策问题的识别和建构被概念化为一系列目标导向的长期行动。第三，情境目标导向的政策行动方法提供了许多政策问题的解决方案，同时避免了其他问题的陷阱（Valach and Young, 2002：97-112）。第四，运用于解决政策运行中的管理问题，解决方案集中于创建更有效的方法来管理沟通交流、资源和官僚配置（Cline, 2000：551-571）。第五，选择政策行动的工具涉及广泛的治理工具，而治理工具依赖政府和非政府机构人员的使用来影响政策产出和政策过程的变化。第六，情境政策行动理论要求制定政策来解决政策问题，但应该采取渐进的社会改革的形式，而不是突然改革的形式。

总之，情境和情境效应有助于系统地描述和解释政策行动，以及对它们的正确理解有助于发现政策行动中政治过程起作用的真实规律（Tilly and Goodin, 2006：23-25）。因此，接下来有必要理解和阐述政治性的内涵及其对政策行动的意义。

第四节 政治性和政策行动

要理解和解释政策行动的概念和方法，就不能歪曲其政治本质，因为政治力量、意识形态和制度等政治性（Political Nature）被认为是政策行动的关键要素。在政治性中，观念可以被定义为"个人持有的或机构采纳的影响其行动和态度的信仰"（Béland and Cox，2011：6）。观念反映了政策行动者对其运作情境的规范性取向，并决定了他们在该情境中表现出的行为（Hay，2011：67）。将观念概念化为战略工具强调了行动者有意识地运用观念的积极作用，同时，观念也可以被概念化为制度框架，可以被理解为嵌入制度或社会中的主体间的理解（Swinkels，2020：281-316）。观念为政策行动者提供了要解决的问题的性质的解释框架。而制度结构、安排和程序往往也同样会对政策行动产生重要影响。虽然制度为政策行动提供了部分情境，但制度本身只能对政策行动提供部分解释。在理解政策行动时必须把制度与政治中更具活力的方面结合起来考虑，如智库和公众意见等，效果才会更好（Anyebe，2018：8-17）。

政治性不仅揭示了政策行动背后最根深蒂固的动态的政治信念，而且采用以历史制度、政治为中心的方法来理解政策行动的政治学，鼓励我们考虑宏观情境、时期效应以及专业"政策领域"之间的相互联系（Skocpol，1996：329）。政策行动的政治性主要体现在以下七个方面。

（1）为了理解政策行动的含义，重要的是要认识到政治力量能够在多大程度上塑造和改变甚至扭曲政策的性质（Tropman and Vasey，1976：3），如收入再分配政策和社会福利政策等。

（2）政策行动的政治性质是理解复杂政策系统的核心，即政治是公共政策和复杂系统（如卫生政策）中发生的所有事情的核心，它们有多个决策层，无数团体在进行权力游戏，以实现它们的目标（Hunter，2016：268-272）。

（3）政策行动的政治视角引导我们以一种真实的方式制定政策和实施政策，在这种方式中，使得我们对决策者和政策分析者的角色有了一个积极的概念（Tropman and Vasey，1976：8）。

（4）认识到政策行动的政治性质可能有助于我们更好地理解国家政策必须服务的目标的多样性和似乎不一致性，也可能有助于我们理解这些相互竞争的目标是通过强大但有时隐藏的力量来调和的，为什么这些逆流的推动和拉动有时被抑制或模糊，为什么它们有时如此激烈地被公开，甚至谈判和权力等"非理性"程序的作用也可能变得更加清晰（Hilsman，1976：31）。

（5）政策行动是国家政权的产物，其受到国家组织结构和能力以及先前颁布的政策的政治后果的影响（Skocpol and Amenta，1986：131-157）。

（6）采取什么样的政策行动并不完全取决于它们在促进经济增长方面的工具效率。如果认为某些政策在政治上不可行，那么无论有多少证据表明这些政策具有工具性效力或内在价值，都不会导致这些政策的通过。如果这种政策是由具有不同意识形态立场的不同社会行动者的价值观所驱动的，那么这种政策就是政治交易和冲突的结果，因为它们触及社会中权力的分配和不同政治行动者的可获得性。在任何社会中，国家显然都不会将从根本上与主导经济体系和权力关系的原则相冲突的政策制度化（Mkandawire，2001）。

（7）政策分析是一门应用社会科学学科，其使用多种调查和论证方法来产生和转换与政策相关的信息，这些信息可以在政治环境中用来解决政策行动中的问题（Dunn，1981：35）。

总之,"政治"一词包括涉及权威或权力的社会关系、对政治单位的管理以及用于政策行动的方法。用情境主义视角来理解政策行动,能够让我们洞察到政治性的信息对政策行动的影响和作用,有助于突破唯技术论的狭隘观点,形成整体思维和系统思维,整合多种理论来指导我们分析和解决政策行动中的问题。

第五节 情境主义元治理和解决政策行动问题

国家在发展中不断出现的问题,要求政策制定者/政府部门以新的方式对政策进行治理。元治理为研究政策行动的治理议题提供了一种有用的方法。第一,元治理及其强大的解释力本质上是由批判的现实主义认识论支撑和支持的(Ungsuchaval,2016:662-695)。第二,元治理试图在治理分析中带回到国家的中心地位,展示出当代治理的替代方式,这种方式尤其对权力关系和治理的互动模式有利,(Ungsuchaval,2016:662-695)。元治理明确侧重于确保政府在治理制度中的影响力、指挥权和控制权的做法和程序(Whitehead,2003:6-14)。第三,它承认政府的能力以及机构和结构发挥的制约作用,同时允许网络行为者发挥作用(Baker and Stoker,2015:38-39)。也就是说,以国家为中心的元治理强调国家行动者在网络控制中发挥相对主导作用。元治理倡导的混合治理形式有助于打破政府和治理之间的任意分割(Whitehead,2003)。第四,元治理并不等于设置了单一的治理模式。相反,它涉及对复杂性和多元性的管理(Jessop,1998:42)。元治理是在一个基于多个自治网络和机构高度自治的政治体系中加强协调治理的一种方式(Sørensen,2006:98-114)。总之,社会政策问题的元治理是政府机构在充分发挥福利激励作用的同时,引导、参与或控制治理网络

（无论这些网络的运行规模如何）的过程，以推进全体利益的政策目标。

为了使元治理更适合理解和分析政策行动，本章将情境要素纳入元治理，提出政策行动问题的情境主义元治理方法。情境主义元治理方法努力寻找在政策行动、治理和变迁过程中起效应的情境因素和机制。关于这一方法主要有以下五个观点：第一，情境主义元治理涉及关于价值、规范和原则如何支撑治理系统和治理方法的问题（Kooiman and Jentoft, 2009: 818 - 836）。第二，要理解制度安排，即国家政治体制、国家目标、经济发展状况以及国际组织等对政策行动的影响。情境主义元治理方法让我们意识到政策行动会受到治理情境的限制，使与治理相关的政策行动问题置于不断变化的国家权力、战略和干预模式的情境下。第三，情境主义元治理要求国家不断对其角色重新概念化，以应对不断变化的治理环境。第四，情境主义元治理是一个对情境具有反射性和响应性的过程，通过这一过程，政策行动者旨在根据特定规则、程序和标准来组合、促进、塑造和指导特定形式的政策问题治理。第五，政策问题治理可以通过构建自治机构和网络，可以通过塑造进行自治的政治情境、金融情境和组织情境来实现（Sørensen, 2006: 98 - 114）。

政策行动的情境主义元治理途径有以下五条：第一，政府是政策的制定者和政策问题的元治理者，所以提高政策问题元治理者的治理能力和监督能力，是一条解决政策问题的重中之重的措施。尤其是政府在社会政策运行中的针对问题治理的再治理，如医疗保险改革政策。第二，政策元治理者必须拥有一系列战略和协作能力，以便以对情境敏感的方式制定、执行和修正元治理战略（Sørensen and Torfing, 2009: 234 - 258）。例如，政府部门之间协作关系的建立。第三，嵌入元治理中的价值观、规范和原理，既涉及实质性解决政策行动问题的工具选择，如整合卫生和社会服务的照料、收入不平等和收入再分配、贫困治理，也涉及社会政策的治理体系问题，如卫生服务体系建设、基本养老服务制度建设等议题。第四，情境主义元治理使政治家和公共管理者能够在现行的政体中行使国家权力，并将来自不同层面和政策领域的公共和私人行动者聚集在一起，采用整合的治理工具，共同解决政策行动中的问题。例如，中小学生"减负"政策，国家发挥控制作用的同时，也动员社会资源提升学校课后服务水平，满足学生多样化需求。第五，将情境主义元治理操作化，最好形成一套可以测量政策行动问题解决情况的治理指标。治理指标包括过程指标、结果指标和影响力指标等，是政策行动的组成部分。第六，多重治理框架可以为政策行动研究中的情境理论构建提供概念（元）基础（Hill and Peter，2006：557－573）。

第六节　印证政策行动的观点

（1）政策问题界定。政策问题的概念贯穿了政策制定和政策实践的学术研究。第一，界定一个政策问题是一种将需要处理的集体问题或挑战概念化的行动。它包括以特定的方式动员其他人来看待问题和解决方案。因此，政策问题是由社会或政治造成的（Hanberger，2001）。第二，实践情境中的问题定义必须符合可行性和值得或改进的标准（Dery，2000：37－47）。

（2）政策议程设置。第一，在政治学领域，第一批将议程设置视为政治进程基本部分的研究可以追溯到20世纪70年代，最初是作为分析的一个分支发展起来的，旨在揭示20世纪50年代和60年代发展起来的多元主义方法的局限性（Capella，2016：675－691）。

第二，应该指出的是，我们使用了"议程"一词来指一系列政治争议，这些争议将被视为属于值得政界关注的合理关切范围（Cobb and Elder, 1971: 892 - 915）。第三，政策议程研究的共同核心是关注新思想、新政策建议和对问题的新理解如何在政治体系中被接受或不被接受（Baumgartner, Green-Pedersen and Jones, 2006: 959 - 974）。第四，把议程界定为可列入"可采取行动的政府优先事项的情境清单"中，这个定义包含情境、可行动性、政府、优先事项四个重要要素（Zahariadis, 2016）。

（3）政策贯彻落实体制的观点（Stoker, 1991: 55 - 60）。第一，体制分析检验贯彻落实过程，以确定促进合作和政策协调的情境或机制是否存在。两个基本的情境要素为策略情境（指在互动中参与者冲突的程度）和制度情境（指在贯彻过程中鼓励合作的机制或安排）。第二，体制是一种政治安排，也是一套组织安排，组织安排帮助界定和支持内在于组织中的政治价值。贯彻发生的政治情境主要被体制的组织安排来限定。

（4）情境互动理论和政策贯彻落实。第一，情境互动理论提供了一个框架，强调了可能影响政策贯彻落实的情境因素。第二，情境互动理论的基本假设是：政策过程的过程和结果不仅取决于投入，而且还取决于所涉及的政策行动者和相互作用的特征、认知、动机、资源和权力、公共治理的设置和一致性，特别是它们的动机、信息和权力（Bressers, 2004: 32 - 60）。

（5）渐进主义（Gregory, 1989: 139 - 153）。第一，渐进主义有多种含义。其中一种含义是关注形式分析在政策制定中的作用，另一种含义是涉及公共政策制定的社会/政治情境。第二，作为政治的渐进主义。渐进范式从社会和政治互动过程的角度解释了政策变化的典型边际特征和渐进特征，即不同的群体和利益寻求保护和追求其完全不同的目的，而基本上没有提及任何一个总体的、共同的目标。

（6）政策借鉴。第一，经验教训吸取（Lesson Drawing）既是一种规范活动，也是一种实践活动。它是规范性的，因为在其他地方有效的项目应该被应用的规定是关于应该做什么的陈述。吸取经验教训也是实用的，因为它关系到规定能否实施（Rose，1993：11-12）。第二，政策移植（Policy Transfer）是指行动者借用一种环境下制定的政策，在另一种环境下制定项目和政策的过程；政策移植依赖拥有政治、官僚和经济资源来实施政策的移植政治系统（Dolowitz and Marsh，2000）。第三，政策移植和政策失灵。至少有三个要素对政策失灵有显著影响（Dolowitz and Marsh，2000：5-24）：第一，借鉴国可能没有足够的信息来了解政策/制度及其在被移植的国家里是如何运作的，这一过程被称为不知情的移植。第二，虽然移植已经发生，但使政策或制度结构在来源国取得成功的关键要素可能不会被移植，从而导致失败，这被称为不完全移植。第三，移植国和借鉴国的经济、社会、政治和意识形态情境之间的差异可能没有得到足够的重视，这一过程被称为不适当的移植。

（7）政策风格。第一，政策风格可以被认为是作为更大的政策制度或治理模式的一部分而存在的，而且还随着政策继承的发生而出现（Mukherjee and Howlett，2016：24-42）。第二，国家政策风格的概念有助于加深我们对政治和政策之间关系的理解。它不仅有助于描述可能导致政策变化的典型政策进程，而且有助于捕捉政策动态的一个重要方面，即这些安排相对持久的性质（Howlett and Tosun，2021：15）。

总　结

本章提出"政策行动"并对这一术语进行了初步探索，虽然论证还不够充分，但对于丰富政策理论和推动政策科学发展是有益的。未来还有几项任务需要探讨：一是分析知识与政策行动、实践推理与政策行动的关系；二是情境因素、政治因素和元治理因素的指标建设；三是深化程式化政策行动的理论研究和经验分析；等等。

第七章　政策科学中的理论化和元理论化

在政策科学领域，我们不仅需要更多、更好的理论，而且还要注意，产生理论的关键在于它产生的方式，即主要在于理论化（Theorizing）的过程。简言之，为了得到更好的理论，我们需要把主要关注点从理论转移到理论化上（Swedberg, 2014a: ix）。这也是为巩固和提升政策科学的地位、推动政策科学的发展而必须要做的事情。为此，本章梳理知识理论、科学哲学、理论化和政策科学等已有研究成果，并努力吸收、整合和结构化这些成果，围绕六个议题，即政策科学中的理论化是什么、政策科学中理论化的视角是什么、政策科学中理论化的命题是什么、政策科学中理论化的策略是什么、政策科学中理论化的结果是什么，以及政策科学中的元理论化（Metatheorizing）是什么，尝试绘制政策科学中理论化和元理论化的大致图景，以方便政策科学研究者检索、参考、进一步检验和继续探索。

第一节　政策科学中的理论化是什么

政策理论是政策科学中理论化的产物。通常，政策科学的研究者和学习者非常熟悉如何运用拉斯韦尔（Lasswell）和德洛尔（Dror）

等政策科学大师的理论和思想，但对于理论化什么、如何进行理论化、理论化在政策科学中的意义等议题思考不多。因此，在阐述政策理论建设之前，我们需要先认识什么是理论化。

简言之，理论化是从不同类型的经验中创造一个或多个想法的过程（Fook，2002：79-95）。详细地说，理论化指的是一个人为创建一个理论所做的工作以及思考的过程。虽然理论化是一个过程，但理论是最终产品。两者显然是一体的、相辅相成的（Swedberg，2014b：1）。一种观点认为，理论化是一项个人事业，包括对理解世界的承诺。也有观点认为，理论化是由对感兴趣的问题（实践问题或理论问题或两者兼而有之）的识别和解决这些问题的动机所驱动的。理论化需要一种训练有素的创造力，在这种创造力中，尤其需要想象力，去寻找与观察到的数据一致的解决方案（Hammond，2018：1-10）。理论化需要自我意识的发展和抽象范畴的具体化，以及模式化关系的形成，如因果链（Strang and Meyer，1993：487-551）。

莫尔斯（Morse，1994：32-33）针对理论化给出了一个更清晰的定义：理论化是对可延展的理论方案的不断发展，直到形成最佳的理论方案。它是一个思辨和猜想的过程，是一个证伪和验证的过程，是一个选择、修正和抛弃的过程。如果一个人完成了这个过程，最终的结果是提供最好的、综合的、连贯的和最简单的模型理论，以一种有用的、实用的方式把不同的和不相关的事实联系起来。这是一种显而易见的、隐含的、未被认识的和未知的方式，是一种发现有意义中的无意义和无意义中的有意义的方法。理论化是构建—替代—解释的过程，并根据数据保存这些解释，直到获得最简单的解释数据的最佳拟合。

理论化的方法有很多，包括归纳、演绎、建模、类比等。理论化的核心即第一步可以解释为归纳（从数据中导出概念、概念的属性和维度）和推论（假设概念之间的关系，关系也是从数据中导出的，但是数据是由分析师从原始数据中抽象出来的）之间的相互作用（Strauss and Corbin, 1998: 22）。理论化的过程首先从直觉开始，进而发展出对想法产生意识，以及对这些想法如何联系在一起的预感。第二步是将这些预感形式化为假设、模型或对什么与什么相伴随的期望。第三步是实证研究。第四步是根据我们在实证研究中看到的情况修改模型或解释。从这些步骤中可以看出，理论作为一种工具出现，帮助我们解释、理解所收集的数据和赋予我们所收集的数据以意义（Bengtson, 2006: 5 - 9）。

理论化是有边界的，理论化的整个空间可以分成理论化的可行区域和理论化的不可行区域（Ding, 2014）。可行区域指主题所有者（Subject Matter Owners）和理论家可以潜在地创建理论，不可行区域指主题所有者和理论家不能创建有意义的理论。现有的理论化可以分为以下四个类型（Ding, 2014: 200 - 213）。

类型1：逻辑演绎理论化。通常用于构建宏大理论（Grand Theory）和形式理论，但也可能用于创建实质性理论。一个理论家可能会花费很多年的脑力劳动来创造一个理论，而没有或只有很少的主题所有者的投入。

类型2：理论家扮演着理论推测者的角色，以主题所有者提供的大量数据为基础，并通过这些数据进行验证。这种理论化背后的逻辑被典型地描述为归纳，然后进行演绎以供验证。这种理论化经常被用来发展实质理论，也在一定程度上发展形式理论。这种理论化类型还包括从形式理论（或宏大理论）到实质领域的推测，然后使用适当的数据验证假设。

类型3：理论家充当理论的发现者或解释者（取决于他的认识论倾向），不允许他以任何方式进行推测。

类型4：理论家起不了什么作用，而主题所有者才是产生理论的人。由于缺乏理论训练，主题所有者通常凭直觉根据经验得出一个假设，然后随着时间的推移，这个假设要么被他们的同行采纳，要么被遗忘。日常假设（包括外行理论和最佳实践）是在这个类型的理论化中产生的。外行理论（Lay Theory）的创建更符合这种类型的理论化，因为这些理论是真正从个人的行为和交互中产生的，而不是从某人的头脑中出现的。

哈蒙德（Hammond, 2018: 1–10）归纳出的斯维德伯格（Swedberg, 2012: 1–40）的五个理论化要点，对于政策科学中的理论化具有指导意义：第一，理论化不同于理论。理论化是通向理论的过程。理论是建立的，理论化则是建立的过程。理论化侧重于发现而不是论证，随后是证明。第二，理论化大多是一项个人事业，利用自己的资源、想法和经验。第三，理论化可以采取许多不同的形式，但通常需要一种不同的思维方式，这种思维方式比研究过程中的其他步骤更直观、更少程序性。第四，观察对于理论化是至关重要的，观察可以利用许多不同的资源，但理论不受数据的限制。第五，理论不能改进，除非我们改进理论化过程；而理论化过程也不能改进，除非我们更明确地描述它、更自觉地操作它、更刻意地将它与验证解耦。更明确地描述（理论化的过程）是必要的，这样我们就可以更清楚地看到过程可以在哪里被修改，以及这些修改的结果是什么（Weick, 1989: 516–531）。

总之，对于作为绞尽脑汁的理论化，作为向前生活和向后理解之间的相互张力的理论化，作为感知和概念之间的相互张力的理论化，作为具体与抽象之间的相互张力的理论化，作为检验替代的理论化（Weick, 2014: 178–186），我们需要提高两点认识，这同样适用于政策科学中理论化的需要：第一，重要的是要抵制一种观点，即理论化是一个相对反社会的过程，是由一个孤独的理论家根据他私下收集的证据完成的，这与当需要验证或证伪时被带入公众视野的完整理论形成对比。科学的这种形象是错误的，因为它一方面将创造力降低到个人心理过程；另一方面又将科学的社会方面限制到主体间验证或证伪的单一过程。相反，我们认为发现或意外发现的个体心理过程以复杂的方式与科学探究的群体相交。因此，我们试图在这里解决理论化本身是一个社会过程，并发展一些关于理论增长和变化的假设（Reed and Zald, 2014: 87）。第二，为了在政策科学中成功地进行理论化，政策科学家需要完全扎根于其核心思想，并了解许多概念。通过概念突破推进社会科学的理论化，是（虽然不总是）集体概念混乱的产物，导致抽象的新尝试、对一个研究领域的核心术语的重新定义，以及新问题和新观点的产生（Reed and Zald, 2014: 86）。

第二节　政策科学中理论化的视角是什么

在20世纪，一个关于科学研究的非常有影响力的区分出现了，这种区分基于科学研究中存在两个不同和相反的方面：一方面是产生科学理论和假设的过程；另一方面是验证和/或证明这种发现（Morales & Delgado, 2016: 315-335）。

发现情境（Context of Discovery）和证明情境（Context of Justification）由赖兴巴赫（Reichenbach, 1938: 6-7）最先提出，他将发现情境定义为"主观执行（思维过程）的形式"，而把证明情境定义为"将思维过程传达给其他人的形式"（Swedberg, 2014b: 3）。前者包括科学假设和理论的产生过程，后者是对它们的检验和证明（Arabatzis, 2006: 215）。情境区别标志着一个新思想或假设的产生与对它的辩护（检验、证实）之间的区别（Schickore，2014）。霍宁根-休恩（Hoyningen-Huene，2006：120-123）进一步将二者做出具体区分：第一，发现和证明是暂时不同的过程。开始时，发现了一些东西。随后，它被证明是正当的。发现过程在证明过程之前。第二，发现和证明的区别在于发现的过程和证明（或检验）的方法。第三，对发现的分析是经验性的，而对证明或检验的分析是逻辑性的。第四，历史与心理学同科学社会学与科学哲学的区别在于方法论：前者是经验性的，后者是逻辑性的。经验学科处理发现的过程，科学哲学处理证明（检验）的逻辑分析，是规范性的。第五，分析二者的区别时注意从元层次的角度提出问题之间的差异。情境的区别本质上是我们对科学主张和理论提出问题的视角之间的区别（De Campos，2015：237-246）。历史上这种区别源于几个前提。首先，它是基于作为一种规范性事业的科学哲学概念，即一种旨在制定规则的事业，这些规则应当管理任何值得被称为科学的活动。其次，它是建立在科学发现和新思想产生的融合之上的。因此，对发现的研究必须是对科学创造力的研究。最后，它基于这样一种普遍的观点，即任何规则的应用都不能提高一个人的创造力（Arabatzis，2006：215）。

尽管针对二者的区别存在这样或那样的批评（Sturm and Gigerenzer，2006：133；Arabatzis，2006：215-217），但出于研究目的，本节仍旧倾向于和聚焦于使用这两个概念作为政策科学中理论化的出发点。综合起来主要有以下四点值得被关注。

（1）斯特姆和吉杰伦泽（Sturm and Gigerenzer，2006：145）提醒我们要关注政策科学领域新理论产生与接受中的隐喻，因为政策科学中的新理论通常是由研究中的对象或过程中的新隐喻所启发的。首先，当新理论产生时，政策科学家使用的工具向他暗示了新的思维隐喻，导致了新的理论概念和原则。其次，政策科学界会接受或拒绝新理论。理由是如果政策科学界成员也熟悉新工具，那么新理论更有可能被政策科学界所接受；如果不熟悉新工具，那么新理论更有可能被拒绝甚至不被理解（Sturm and Gigerenzer，2006：145－146）。

（2）发现情境提醒我们注意三点：一是要洞察发现情境的结构（Blackwell，1980：90－108），发挥它在科学哲学和政策科学中的作用。二是发现行动逃避了逻辑分析，没有逻辑规则可以用来构建一个"发现机器"来接管天才的创造功能。但是解释科学发现不是逻辑学家的任务，他所能做的就是分析给定的事实和针对给定事实所提出的理论之间的关系，声称它解释了这些事实及关系（Reichenbach，1951：231）。三是"理论起源和理论评价之间的区别，发现情境和证明情境之间的区别，使我们能够相当合理地说，客观性是科学的评价或证明过程的特征，而不是科学思想的起源（Scheffler，1967：73）"。

（3）证明情境可以分为认知评价（Epistemic Appraisal）和启发评价（Heuristic Appraisal）两个部分（Nickles，2006：159）：认知评价关注的是有利于真理的证明和决策特征，而启发评价关注的是与研究的经济性相关的各种启发性和实用性的考虑。这种二分法提醒我们关注启发评价（Nickles，2006：159，161，164，165）的通途：一是启发评价可以评估一个问题、研究计划、理论、假设、模型或技术的前景或潜在生产力以及进一步工作的可行性。二是启发评价可以评估承诺、未来潜力（包括利害关系）、解决问题的能力。三是启发评价在假设形成阶段之前选择问题是必要的，在假设形成的过程中也可能有用，也可能在寻找一旦可用的检验假设的方法时有用。四是启发评价对于目标和标准的"合理"设定是必不可少的，因为启发评价从可实现性和多产性的角度来评估这些目标和标准。

(4) 关注发现情境和证明情境的不可分割性，因为发现情境充满了证明情境（Arabatzis，2006：217）。在发现和证明的区别上，两个维度都会涉及科学探究中的不同过程，但它们并不意味着两个维度的大胆和不可简化的区分（Morales and Delgado，2016：315-335）。理论化既发生在发现情境下，也发生在证明情境下。你需要能够建立理论，以便对你正在研究的问题产生洞察力（Swedberg，2016：5-22）。因此，对政策科学发现过程的充分理解（包括论证）不仅需要采用一种综合的历史和哲学方法，还需要概念分析，因为概念分析是哲学的标志（Arabatzis，2006：227）。

可以说，发现情境和证明情境之间的区别主导并塑造了20世纪科学哲学关于发现的讨论。不仅如此，以发现情境和证明情境微视角的理论化研究已经延伸到了诸如社会学和管理学等社会科学领域，以及生态学和计算机等自然科学领域。在探讨政策科学中理论化的主题时，以科学哲学中众所周知的发现情境和证明情境的区别作为出发点是很有益的。这样做，可以表明当前对理论化的忽视、相关的对理论的过分强调，与今天的社会科学在很大程度上忽视发现情境而将大部分注意力集中在证明情境上的趋势有很大关系（Swedberg，2014b：3）。

第三节 政策科学中理论化的命题是什么

一 命题是什么

命题是说明概念之间的推测关系的陈述（Pawar，2009：58）。一个命题可以定义为一个真理陈述，但这是一种特殊而有限的真理陈述（Dubin，1978：166）。唯名论从四个情境维度定义命题，有利于我们对命题的认识和理解（见表7-1）。传统命题理论的中心原则可以假定为（Bealer，1998：1-32）：第一，命题是必然性、可能性、不可能性、真与假等性质的主要承担者。第二，它们是独立于思维的语言外抽象对象。第三，一个信念状态在于一个主体站在相信与一个命题的关系中，而那个命题是信念的内容。第四，命题通常是公开的，人们通常相信同一个命题，这样做是成功沟通的先决条件。第五，命题是（陈述句的字面表达）所表达的意思。

表7-1 唯名论对命题的定义

情境维度	定义
1. 逻辑	1.1. 一个命题是任何可以成为一个论点的前提或结论的表述，或者与另一个命题呈矛盾关系，也是互推句类。 1.2. 命题是可以用真或假断定的事情。 1.3. 命题是可以断言或假设的事情
2. 本体论	2.1. 一个命题确定一个事实。 2.2. 真命题是事实。 2.3. 一个命题是一种可能的事态
3. 心灵哲学	3.1. 命题是由动词"相信"表示的二元关系的第二项。 3.2. 命题就是思想
4. 意义论	4.1. 一个命题是由动词意味（to mean）表示的二元关系的第二项，当第一项表示一个句子时。 4.2. 命题是在给定语言中与一个结构良好的句子同义的所有句子的类别。 4.3. 命题是处于外延同构关系中的所有句子的类别。 4.4. 命题是处于内涵同构关系中的所有句子的类别

资料来源：Gochet，1972：11-12。

命题分为分类命题（Categorical Proposition）和假设命题（Hypothetical Proposition）。分类命题有主语、谓语和系词，它不包括一个以上这样的命题（William of Ockham，1980：79）。假设命题是由一个以上的分类命题组成的命题，大致有合取、析取、条件、因果和时间五种命题组成方式（William of Ockham，1980：79-80）：第一，合取命题（Conjunctive Proposition）是由两个或两个以上的命题组成的。要么是分类命题，要么是假设命题，要么是一个分类命题和另一个假设命题由连词"与"连接而成。第二，析取命题（Disjunctive Proposition）由两个或两个以上的命题通过连接词"或"连接而成。第三，条件命题（Conditional Proposition）是由两个或两个以上命题通过连接词"如果"连接而成。第四，因果命题是由两个或两个以上的命题通过连接词"自"连接而成。第五，时间命题（Temporal Proposition）是由两个命题通过一些临时口头副词连接而成。此外，命题还可以分为普遍命题、模态命题（没有判词的模态命题）、肯定性命题（Affirmative Propositions）、重叠命题（Reduplicative Propositions）、排他性命题（Exclusive Propositions）、执行性命题（Exceptive Propositions）和局部命题（Local Proposition）等（详见William of Ockham，1980：95，111，125，132，192）。

命题是宏大理论的重要组成部分，其中命题扮演着不同的角色（Smith，2016：83-125）。第一，命题是信念、欲望等态度的对象。第二，命题是通过情境中的句子来表达的。第三，完全相同的命题可以用不同的语言表达，并且可以是不同主体态度的对象。第四，命题是真与假性质的主要承担者。第五，命题是逻辑的对象。命题及其集合是逻辑真理性、可满足性等逻辑性质的载体，可以表达逻辑结果、等价等逻辑关系。因此，在设置命题时，必须要考虑以下四点（Khaitan and Steel，2019）。第一，寻求真理是理论化的主要目标——理论命题必须真实，理论才能成功。第二，理论命题也必须是一般性的，因为它们不能仅仅描述所研究现象的一个特定实例。第三，命题在理论上必须是突出的，也就是说，它们应该告诉我们一些关于某事或某物的东西，帮助我们理解某事或某物。第四，理论命题必须旨在构成一个一致的集合,并且尽可能地相互兼容。

二 政策科学中理论化的命题设置

为了更好地理解政策科学中的理论化,本节以已有文献为基础,尝试归纳和提炼出五个关于政策科学中理论化的一般命题。

命题1:一个复杂的理论是这样构建的:当一个人的大脑深入钻研一个现象的大量数据时,会感知到数据中的一种模式或聚合,并综合对该现象的解释(Mintzberg,1977:88-103)。

命题2:每一种新理论都需要超越现有的经验证据和事实,以实现创造性飞跃。理论建设可以被描述为在看似混乱的自然中寻找"深刻的统一"(Bronowski,1958:59-65)。

命题3:任何系统都是一个连续的统一体,具有整体性和联系性等特征,而一个理论是一个人试图通过孤立和简化的方式来理解系统的一部分。因此,需要注意,理论的解释力在某些方面总是不充分的、不完整的。

命题4:理论最初是通过对实践、经验事实和数据的归纳建立起来的。理论通过从经过检验的一般理论中演绎出具体命题,并经过再归纳得以完善和发展。

命题5:当代理论的发展现状有利于进一步归纳、创新和深入的实地研究。只有对现实的丰富复杂性保持开放,才能启动有效的理论建设(Mintzberg,1977:88-103)。

从这些一般命题出发,可以概括出政策科学中理论化的九个具体命题。

命题1:政策科学建设需要广泛吸收和借鉴哲学、社会科学和部分自然科学的理论和知识,要特别注重从基础学科中吸收养分。

命题2:政策科学是一门实践性很强的应用科学,所以政策科学的理论化不能脱离政策实践,而是要关注更具体的和有形的领域,也要关注隐性知识。

命题3:政策科学的理论化可能和政策行动的内容或结果有关。政策研究可能侧重于过程或内容,前者对一般理论更有用,后者对具体应用更有用(Mintzberg,1977:88-103)。

命题4:政策现象是复杂的,涉及的变量和要素很多,这就导致政策科学的理论化通常需要包含更多的变量和要素。所以,政策科学的理论化可以考虑从有用性、证据丰富性、易理解性、真实性、可驾驭性、可操作性入手。

命题5:从以上四个命题推导出,政策科学中的理论化一定是在具体政策情境中进行的,政策科学家和实践家的创造力是政策科学的理论化的动力源。

命题6:理论化活动是在一定的情境中进行的,所以要引入情境主义的视角。

命题7:政策科学中理论化的策略有多种,各种策略彼此呼应,共同推动政策知识的理论化和政策理论建设。

命题8:政策科学中理论化的重点应放在描述性政策理论的建设上,作为理论化结果的政策理论不必过分追求理论的严谨性。

命题9:探察政策科学中理论化的可行区域和理论化的不可行区域,尤其是隐性知识是否为理论化的不可行区域。

第四节 政策科学中理论化的策略是什么

在自然科学、哲学和社会科学领域里,理论家探索出的理论化策略大致有以下几个。第一,哲学中的共生理论化(Symbiotic Theorization),科学哲学和经济学中的基于机制的理论化(Mechanism-based theorizing）。第二，社会科学中的直觉理论化（Intuitionist Theorizing）。第三，社会学中的预研究期间的理论化（Theorizing during the Prestudy）、主要研究期间的理论化（Theorizing during the Main Study）、根本理论化（Fundamental Theorizing）、形式理论化（formal theorizing）。第四，心理学中的实质理论化（Substantive Theorizing）。第五，管理学中自上而下的归纳理论化或自下而上的归纳理论化和实用经验理论化（Pragmatic Empirical Theorizing）。第六，信息科学中的类比理论化（Analogical Theorizing）。其中一些观点和思想基本可以运用于政策科学中的理论化研究，本节将它们归纳为五组。

（1）直觉主义理论化。直觉主义理论化概念的核心在于视角的转变。它建议我们把理论化理解为基本上是数据管理的官僚活动——对这些数据进行汇编、归档、分类、编码和数字化，以及搜索和计算它们的系统特征（Cetina，2014：39）。直觉主义理论化当然包括最广泛意义上的模式匹配过程，模式取自我们吸收的科学文献，比我们在日常生活中使用的模式更具分析性、经验性和解释性（Cetina，2014：41）。政策科学家使用直觉主义理论化时要注意以下三点：第一，直觉主义理论化不是没有工具的理论化，头脑中不是没有以前的知识（Cetina，2014：43）。第二，理论化是面向自我之外的东西（一个人所希望的）。这是一个关系过程，而不是一元过程（Cetina，2014：40）。第三，在发现情境中，如果拓展理论涉及实证工作的话，那么直觉主义的理论化肯定会有所帮助。但是，当我们必须"发现"理论知识时，当我们追求"理论上充分"的理论时，直觉主义理论化就有了更强的应用理由（Cetina，2014：43）。

（2）预研究期间的理论化、主要研究期间的理论化和根本理论化（Swedberg，2014b：9-10）。预研究期间的理论化要求在制定和实施政策研究设计之前，以事实为基础进行理论化。主要研究期间的理论化提醒我们能体现理论化重要性的时候是在发现情境下，但理论化也发生在证明情境下。根本理论化要求我们关注解决诸如什么是事实这样的政策问题，以及因果关系是什么意思、什么构成解释等政策问题。

（3）使用形式理论化和实质理论化策略。在形式理论化过程中，理论构建通常从以普通语言表达的经验基础的系统论述开始，其中有两种理论建构策略（Freese，1980：187-212）需要政策科学家注意：一种是概括性理论策略，在这种策略中，一种政策理论构建的目标是解释和概括开放系统中的合法现象，它的结构是系统的，其方法是归纳抽象的，可能的结果是理论或数据的整合。另一种是纯理论策略，在这种策略中，一种政策理论构建的目标是预测封闭系统中的合法现象，它的结构是正式的，其方法是理想化的，可能的结果是理论的积累。

威克（Wicker，1989：531-547）认为："实质理论化被呈现为研究者的一系列选择的交集。这种方法强调概念框架和开发的过程，而不是产物。实质理论化的预期好处包括发展新的概念和程序、模糊学科界限、加深对社会重要领域的理解，以及提高政策和实践研究的效用。"他概括出实质理论化研究的八个主要特征：第一，实质领域的选择和概念/理论发展优先于方法问题。第二，社会意义是选择实质性领域的主要考虑因素。第三，调查侧重于有限的实质性领域。第四，心理和社会过程是根据与它们有关的社会、空间和实践情境来考察的。第五，使用多种方法深入探索实质性领域。第六，实质理论化是一个基于特定领域的持续、开放的过程。第七，知识主张仅限于被检查的实质性领域。第八，理论和经验贡献可以采取多种形式。根据威克的观点，本节将政策科学中的实质理论化策略概括为以下四点：第一，专注于有限但针对社会重要领域的政策事件和政策过程。第二，建立政策概念和概念框架。第三，使用多种方法。第四，树立政策情境观。

（4）自上而下的归纳理论化或自下而上的归纳理论化和实用经验理论化。第一，自上而下的归纳理论化常常始于理论家和文献中通常包含的现有知识的交叉点，所以，采取这种方法时首先要在文献中发现一个问题，然后依据这个问题着手创造一个解决方案（包括对促进发散思维的现有知识的重新检查），从而提供以假设形式产生新的理论见解的潜力，这样才可以通过收集和分析感兴趣的现象的数据来检验（Shepherd and Sutcliffe, 2011: 361 - 380）。第二，采用自下而上的理论化，要从对原始数据的普遍好奇开始。原始数据提供了让数据说话的机会，由此产生的新兴理论可以与现有的已发表文献进行比较，以确定其贡献（Shepherd and Sutcliffe, 2011: 361 - 380）。需要注意的是，归纳和演绎都应该用于理论化，以避免过于宽泛和过于抽象等问题（Weick, 1996: 301 - 313）。

使用实用经验理论化要求关注现有知识和新兴知识之间或现有理论文献和经验观察之间的持续紧张关系（Shepherd and Suddaby, 2017: 59 - 86）。发展理论时可采用的最佳方式对于现在而言似乎是在理性主义和经验主义之间，"理性主义者主要通过从现有知识中推理来构建新知识"，而"经验主义来自直接观察，没有证实知识的影响，知识是通过归纳积累的"（Shepherd and Suddaby, 2017: 59 - 86; Klockner and Pillay, 2019: 250 - 256）。

（5）共生理论化、基于机制的理论化和类比理论化。共生理论化主要用于产生实质理论，也可能是形式理论。政策科学使用共生理论化时要注意任何满足以下三个标准的理论生成方法（Ding, 2014: 200 - 213）。第一，所有理论块（概念和关系）都是从主体所有者的行动和相互作用中产生的。第二，理论家和任何第三方只能作为理论的最终整合和出现的调节者和催化剂。第三，主题所有者和理论家被激励联合起来产生他们自己想要的理论。

使用类比理论化时，要关注它和政策理论建设的四个相关性（Vaughan，2014：81-84）。第一，将类比理论化整合在引用、输入和概括的政策研究过程中。第二，将无形的和未被承认的理论化过程转化为一个可见的、有意的和系统的比较过程。第三，在一个类似的环境中，在不同的分析层次上寻找答案是有成效的。第四，类比推理如何通过促进理论整合来建立一般政策理论，直接涉及学科专业化的问题。类比理论化可以通过学科专业化和宏观、微观分野的理论整合来促进政策理论建设。

基于机制的理论化的一个中心思想是，对于相同的解释有可能出现不同的因果情景，这就产生了可能的解释和实际的解释之间的区别（Ylikoski and Aydinonat，2014：19-36）。一方面基于机制的理论化为从案例研究中进行概括提供了基础；另一方面基于机制的理论化的想法抓住了案例研究中许多可概括的要素（Ylikoski，2019：14-22）。使用基于机制的理论化时要注意把政策案例研究作为中介进行理论概括。

此外，威克（Weick，2014：190-193）还创造了一个理论化图景，提出了理论家可以采用的策略的一个示例，共14条，这对于政策科学中的理论化同样具有指导意义。一是为了衡量理论化的进展，继续努力增加生活经验的当下意义。二是调动与理论问题相关的经验知识。三是"那很有趣"的反应是一个线索，表明持有的较弱的假设已被推翻，而且所讨论的假设可能在先前的试错概念化中造成了盲点。四是已经接受了当你理论化的时候，你删节了感性的现实。五是在你努力建立"世俗生活"的理论时，接受努力建立"世俗生活"的理论将是永远落后的事实。六是中断、惊讶、不一致、意外都被认为是未做好准备的时刻,未准备就绪是潜在概念替代的来源。七是注意故障。八是一旦你把你的工作定位在连续体的两端,通过向右移动一步和向左移动一步来重新思考你在哪里,这些都是理论化的动作。九是如果你也扩大了你的形式、描述和词汇,那么你可能会改变你的想法。十是对理论化工作的意识通常可以通过隐喻的方式来培养。十一是想象对格式塔进行浓缩、抽象和创造。尽管想象力通常被视为理论化的财富,尤其是在追求原创性的过程中,但它也可能造成代价高昂的删节。十二是跟踪一个人在理论化过程中的位置。十三是认真对待康德,把知觉和概念联系起来避免盲目,把概念和知觉联系起来避免空虚。十四是弱化后见之明。

总之,成功的理论化意味着(粗略的)理论可以通过对有问题的现象提出假设以此来扩大和改进,这些假设的合理性基于定义和观察现象的概念和语言模式(Hanson,1958:46)。

第五节 政策科学中理论化的结果是什么

政策科学可以理解为政策过程知识和过程中的相关知识(Lasswell,1970:3-14),所以政策科学中的理论化就是要产生理论化的政策知识,即政策知识理论。

从马克思主义的唯物论立场来看,理论化的政策知识是为了正确反映客观现实而建立和检验的概念、观点和命题的总和。它本质上是一种社会产物,其根源在于社会实践。理论化的政策知识永远不可能是完整的或最终的,但必须不断对其进行扩展和批判。从马克思主义的辩证法立场来看,理论上的政策知识必须"扬弃"政策科学传统的实证主义,要挑战科学的"价值无涉"的立场,并把对理论和实践之间关系的反思纳入政策科学的构成中。理论化的政策知识可以根据意图和范围等大致划分为以下10个类型。

（1）定义性政策知识理论（Definitional Knowledge Theory）。它由概念、结构、术语、定义、词汇、分类、分类法和其他种类的概念知识组成（Johannesson and Perjons, 2014: 22）。

（2）命题性政策知识理论（Propositional Knowledge Theory）。它是某个命题为真的知识（Moser, 1987: 91-114）。它反映的是一个主体和一个真命题之间的关系（Lemos, 2007: 1），同时还是一种认知事件，即事物与人和事实之间的适当关系相协调的条件（Rescher, 2003）。

（3）描述性政策知识理论（Descriptive Knowledge Theory）。它是理论、概念、原则和想法所表达的关于"政策是什么"的知识以及特定政策事实和活动的知识，主要用于描述过去发生的事件，可以直接陈述一个人所拥有的知识，描述性知识构成了他们对政策及其运作方式的理解。

（4）解释性政策知识理论（Explanatory Knowledge Theory）。它为"如何"和"为什么"的问题提供答案，解释对象的行为以及事件发生的原因。解释性知识超越了描述性知识，因为它不仅描述和分析，而且为了提供理解而解释（Johannesson and Perjons, 2014: 23）。社会科学研究的目标是建构解释性理论。在政策科学和规划科学中，如果不是一般的社会科学，这种理论就会被用来作为指导社会行动的基础（Fischer, 2003: 21）。解释性知识认为解释理论首先应该是解释性知识的理论，所以它应该是知识理论的一部分（Kim, 1994）。

（5）预测性政策知识理论（Predictive Knowledge Theory）。它是一组感知和认识的方法，基于设定的因素的预测结果，但不解释它们之间的因果关系或其他关系。它的目标是准确地预测，而不是理解。

（6）整合解释性和预测性政策知识理论。它是关于是什么、怎么样、为什么、会是什么的知识理论的结合（Gregor，2002：14-22）。它对于理论建设或理论检验很有用。

（7）形式政策知识理论（Formal Knowledge Theory）。它是"为一个正式的或概念性的研究领域，即一门学科提供解释的一组命题"（Grover and Glazier 1986：227-242）的知识。

（8）实质性政策知识理论（Substantive Knowledge Theory）。它是"为应用研究领域提供解释的一组命题"的知识，是元理论最具体的形式（Grover and Glazier，1986：227-242）。换句话说，它是关于一套概念和它们之间的相互关系的知识，是为某些政策现象提供解释的知识（Vakkari and Kuokkanen 1997：497-519）。

（9）规定性政策知识理论（Prescriptive Knowledge Theory）。它是命令人们应该如何做决定的理论知识，被用来指导未来的行动（Goede，2012：283-304），是帮助人们在解决问题时以系统方式进行工作的指南和程序。

（10）规范性政策知识理论（Normative Knowledge Theory）。对于给定了规定的目的，它包含两种类型的论证：关于采用最佳方法的主张，以及关于采用何种目的是好的主张（Vermeule，2007：387-398）。

总之，理论化的政策知识为我们知道什么和如何知道提供了一个框架，帮助解释我们周围的世界，加深我们对世界的理解，使我们能够做出决策。特别要说明的是，作为政策科学中理论化的政策理论知识的具体形态，我们将以"政策理论建设"为题，做专门论述。

第六节　政策科学中的元理论化是什么

一　政策科学元理论化是什么

元理论化是理论化的继续和深化，是对理论基础结构的系统研究。元理论化是远离实证研究的一步，不是把社会和世界作为分析的对象，而是把理论本身作为分析的对象，以便努力理解它们各自的优势和局限性，并对各套理论形成总体的观点（Stillman, 2003: 2）。瑞泽尔（Ritzer, 1990: 3-15）和科洛米（Colomy, 1991: 269-286）概括出来的社会学中四种不同类型的元理论及其目的和贡献对于政策科学中的元理论化具有指导意义（见表7-2）。

表7-2　社会学中元理论化的类型及其目标和贡献

类型	目标	贡献
作为对理论更深刻理解的元理论化（MU）	回顾现存的理论	● 找到理论之间的联系和差异 ● 找出当前理论中的差距 ● 确定假设和核心透镜
作为总体理论观点来源的元理论化（MO）	构建总体理论	● 构建更具综合性的模型 ● 产生新的概念和关系 ● 纳入新的视角 ● 从根本上扩展了当前理论
作为理论发展前奏的元理论化（MP）	准备新的理论	● 理论洞察力的创造性来源 ● 产生新的中层理论 ● 帮助理论家跨越现有的界限
作为裁决的元理论化（MA）	批判性地评估其他理论	● 从全局的角度批判性地评估理论和理论的应用 ● 批判性地增加理论知识储备

资料来源：Ritzer, 1990; Colomy, 1991; Edwards, 2014。

爱德华兹（Edwards, 2014: 720-744）强调：在定义元理论化时，首先需要区分它的哲学形式和科学形式。哲学元理论化侧重于理论的本体论、认识论、方法论和伦理学维度，它通过逻辑系统、第一性原则和有意识的先验承诺来构建和检验其命题和元理论化（Edwards and Kirkham，2013：477-495）。哲学家不需要收集经验数据来建立或测试他们的想法。相反，他们提出的论点是基于逻辑系统、说明性推理以及先验方法和假设的。而科学元理论化把理论当作数据点，当作要调查研究的分析单位，通过指定领域，收集、检查和分析数据、发展和解释主张，以及在后验（事后）方法的基础上检验这些主张来建立和检验其元理论化命题（见图7-1）。

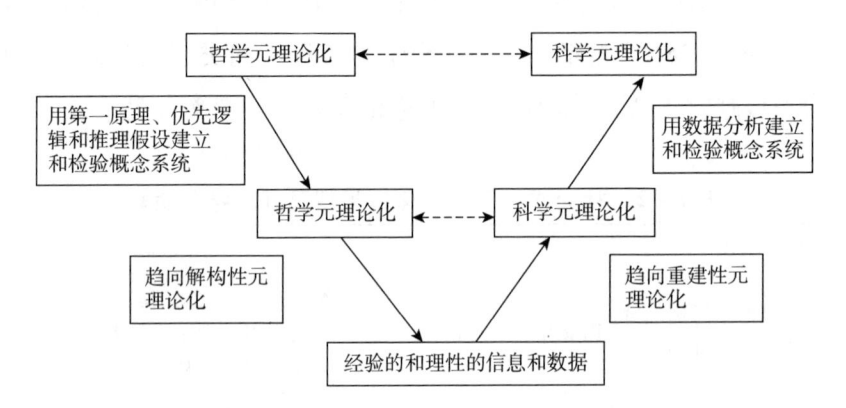

图7-1 哲学元理论化形式和科学元理论化形式

资料来源：Edwards，2014:720-744。

二 元理论化对于政策科学的认识论意义

认识论是知识理论，涉及人类知识的性质和正当性。政策科学中元理论化的认识论意义主要体现在以下四个方面。

（1）元理论化发现和概括现有政策理论知识的来源以及知识是如何形成的，并增加政策知识积累。第一，元理论化帮助总结政策理论知识的自然科学、哲学和社会科学来源。第二，元理论化帮助我们理解和解释政策理论知识是如何从经验分析中升华出来的。第三，元理论化帮助我们理解和解释政策理论知识的推理和演化过程。第四，知识积累可以被认为是一门学科被称为科学之前必须满足的条件之一（Lee，1972：431-438）。政策科学是产生政策过程知识和过程中的相关知识的一门科学（Lasswell，1970：3-14），即政策知识。因此，元理论化是增加政策知识积累的一个重要途径，也是政策知识积累能力的体现，还能够显现政策理论知识作为研究对象和实践结果的双重性质。

（2）一方面，元理论化让我们认识到，政策科学家的个人认识论，或者说个人特定的认知方式，是由他理解什么是政策理论知识、政策理论知识是如何构建的、政策理论知识是如何被评估的、政策理论知识来自哪里以及如何认识政策理论知识的手段等组成的（Hoggan，2018：18-25）。另一方面，元理论化还让我们认识到，政策科学家不同的认知立场如何影响政策理论知识的表达，如何通过观察一个主体和一个客体之间的关系来设计政策理论研究。元理论化还告诉我们什么知识在组织政策理论研究中是有效的。元理论化研究通过对论点和论据的细致阐述有助于提供政策理论知识的可靠性（获得结果的一致性）和外部有效性（结果对其他环境的适用性）等信息。

（3）元理论化促进政策科学的跨学科/交叉学科研究。元理论化可以揭示什么学科的知识能够构成政策理论知识，如何从众多学科中获得或构建政策理论知识，如何评估众多的知识可利用的程度，什么知识构成了可接受的证据来源和可接受的政策理论知识的最终结果（Tennis，2008：102-112）。同时，元理论化可以提出比其他规范更可取的规范。

（4）元理论化启发和推动政策理论知识创造。政策理论知识创造是心智、情感和主动认知的综合过程。第一，元理论化使个人创造的政策理论知识变得可用,并使其和政策理论知识系统相联系的过程得以具体化。第二,元理论化引导政策科学家产生自己做什么的想法和如何行动,如何看待其他政策科学家所做的事情以及所做事情的结果(Rylande,2009:7-19)。第三,元理论化培育政策科学家的创新精神,有助于产生有见地的新观点。

三 政策科学中元理论化的命题设置

元理论化可以用来理解政策科学的理论化是什么和如何进行等议题。政策科学元理论化是加深对政策科学理论理解的手段,包括对理论化实践的反思性监控,意识到政策科学家及其所研究的政策世界的错综复杂的联系,以及关注政策科学家为他们所倡导的理论所承担的道德责任等(Zhao,2001:392)。这种元理论化可能要寻求更好地理解这些理论,或者寻求创造新的理论,或者寻求创造一个总体的理论视角(Ritzer,1990、2001)。需要强调的是,政策科学家进行元理论化时要注意以下13个命题。

命题1:政策科学元理论化是在政策理论发展之后进行的,遵循理论—理论化—元理论化的推进路线。

命题2:政策科学元理论化是积累政策知识的一种方式,在政策科学领域的理论建设中一定要提高对理论化和元理论化的研究意识,要认识到元理论化工作对于政策理论建设的贡献。

命题3:政策科学元理论化是对理论化实践的反思性监控,目标是完善现存的政策理论、发展新的政策理论和构建总体政策理论。

命题4:政策科学元理论化既可以采用哲学元理论化形式,也可以采用科学元理论化形式,或者采用这两种形式的融合形式。

命题5:政策科学元理论化有时候是抽象的,有时候是具体的;有归纳也有演绎,都需要一定的技术手段作为支撑。

命题6：政策科学元理论化需要有一定的视角、范式和模型。

命题7：政策科学元理论化不只是实证主义的一种形式，还要纳入解释学等多种方法论，要形成较为严格的元理论化方法。

命题8：政策科学元理论化不能脱离政策实际，政策实践知识中包括的隐性知识对政策科学元理论化同样重要。

命题9：政策科学元理论化不是孤立进行的，需要自然科学、哲学、社会学、政治学等多学科对话。

命题10：政策科学元理论化同样需要有创造力（Creativity）。创造力要求政策科学家要有创造性的想法，要对手头的任务有很高的工作积极性，具备与领域相关的知识和处理任务的能力，以及与创造力相关的技能。

命题11：良好/成功的政策科学元理论化过程需要一定的具体的标准来判断，判断标准要引入适当的概念，如嵌套（Nesting）或者叫嵌入（Embedded）、情境等（Ritzer，1991：310－311）。

命题12：政策科学元理论化不仅对政策理论家有用，而且对政策研究者和政策实践者也有用，可以提高政策理论推理能力、政策经验研究质量和政策实践水平。

命题13：政策科学元理论化可以增加理论化的政策知识积累，总结理论化的方式，促进政策知识创造。

四　政策科学元理论化的策略

政策科学元理论化可以采取四类16种策略。

1. 哲学策略

策略1：实证主义元理论化（Positivist Metatheorizing）策略（Ritzer，Zhao and Murphy，2001：116－117）。第一，确定政策科学中理论化的目标是发现政策运行的一般定律，注意以简明的政策理论形式提炼和总结这些定律,并将它们系统地组合在一起。第二,实证主义元理论化要研究现存的政策理论,以评估它们在多大程度上符合政策知识。第三,尝试用积累起来的经过经验检验的政策理论来评估政策理论所取得的进步程度。

策略 2:解释学元理论化(Hermeneutic Metatheorizing)策略。第一,政策科学家应该密切关注解释学方法所能提供的洞察力和技术。第二,解释政策行动的意义和理解政策行动发生的情境化生活世界,注意情境化的主体间解释,因为主体间交流是理解的基础和前提。第三,解释学元理论化研究和评价政策理论时不要采用自然法则的知识积累,而是要采用从解释中获得的存在主义启示作为标准(Ritzer,Zhao and Murphy,2001:118)。

策略 3:批判元理论化(Critical Metatheorizing)策略(Ritzer,Zhao and Murphy,2001:118 – 119)。第一,通过阐明和倡导政策行动的立场来实现政策科学中理论化的目的。第二,以一种社会实践形式,包括社会分析和政治行动的整合来进行政策科学元理论化。第三,强调拥护现实而不是发现现实,强调实现想法而不是验证想法,强调操纵而不是确认。第四,在设计评价政策科学理论化结果的标准时要注意,标准既不是政策理论的积累,也不是存在主义启蒙,而是政策理论可能带来的被压迫者的解放程度。

策略 4:启发法(Heuristic)是科学方法的一部分,指依据有限的知识让人们在短时间内快速有效地解决问题并做出判断的一种方法。启发式视角可以为政策科学元理论化提供一个强有力的解释。第一,使用启发式方法有认识论上的优势,这表现在推进知识时不是简单地拒绝或接受一个理论,而是需要评估理论的有效性以及理论扩展我们的知识和对世界的理解方式(Ippoliti,2018:17)。第二,启发式方法将政策科学元理论化的分析方法视为调查性、指导性或探索性工具（Hendrick，1994：37-55）。第三，政策科学元理论化需要创造性，启发式方法可以培养启发性思维和创造性地解决问题。第四，启发式推理方法利用推理系统的政策信息处理结构和政策环境的结构来寻找正确答案的政策知识。

2. 社会学策略

策略5：政策科学元理论化要关注对政策理论、政策理论家和政策理论家群体的研究（Ritzer，1990、2001），关注政策理论家的知识储备和知识结构以及所处的社会背景和时代背景。

策略6：政策科学元理论化既要研究现存的政策理论，又要努力产生新的政策科学理论，更要研究新旧政策理论的关系和从旧政策理论向新政策理论转变的理论化过程和机制。

策略7：政策科学元理论化要注意超越政策科学理论某些部分或全部的元理论，探索将各种政策理论串联起来的关键理论点和机制。

策略8：比较策略。通过比较来理解和解释不同政策理论的元理论化过程。

3. 整编策略

政策科学方法和理论的多样性应该与知识辩护模式的多样性相伴相随，所以还应从解决学科碎片化问题的角度来提出政策科学元理论化策略（Dudina，2017：10-19）。

策略9：整合元理论化（Integrative Metatheorizing）策略。识别共同的政策理论逻辑、描述语言的标准化和/或整合政策理论的发展。

策略10：进化元理论化（Evolutionary Metatheorizing）策略。第一，理解政策科学在不断变化的社会和知识情境下的发展趋势和前景。第二，确定政策知识演进的步骤、阶段、转变和替代。第三，在确定该学科的发展现状和发展前景时描绘过去的成就。

策略11：透视主义元理论化（Perspectivist Metatheorizing）策

略。识别政策理论相对封闭和独立的构造，揭示政策理论的内部一致性，包括范式、研究项目、解释模型等。

需要注意的是，整合元理论是指基于对共同或整合的政策理论的寻求，进化元理论承认未来创造共同政策理论的可能性。透视主义元理论将政策知识的多样性视为一种自然状态，否认用普遍标准评估政策知识。

4."元"策略

政策科学元理论化可以通过"元方法论"的"基础"解释（Grounded Interpretations）得到加强（Payne，2002：307-314）。

策略12：元认识论策略。元认识论是认识论的一个分支，它提出关于认识论问题的问题，探讨了认知理论化的基本方面。元认识论的部分特征是研究认识论的性质、目的、方法和合法性。"知道如何"（Knowing-how）是认识论的一个热门话题。元认识论策略就是需要运用"知道如何"来分析和理解政策科学的理论化过程。

策略13：元规范性策略。元规范性是关于规范的规范，可以用于对一般规范结构的研究。第一，元规范性策略为政策科学元理论化提供了在不同的一阶规范结构之间进行评估的启发式方法。第二，用元规范性策略处理政策科学元理论化过程中道德不确定性问题。第三，在政策科学元理论化过程中，元规范性策略不寻求在道德活动中指导个人行为，而是规范行为。

策略14：元推理（Meta-reasoning）和知识推理策略。元推理指的是监控我们的推理和解决问题的进度，并调节用于这些活动的时间和精力的过程（Ackerman and Thompson，2017：607-617）。第一，元推理策略是对政策科学元理论化过程中的思维和推理的监控，揭示了政策推理和政策问题解决背后的过程，并有可能提高推理效率。第二，知识推理策略是在政策科学元理论化过程中按照现有事实和逻辑规则，利用已知的政策知识推断新政策知识（Chen, Jia and Xiang, 2020: 1-21），元推理的作用是对这种推断进行监控。

策略 15：元综合（Meta-synthesis）策略。元综合是为定性研究领域提供有价值见解的重要方法（Chrastina, 2018）。第一，用元综合策略理解和解释政策理论构建、政策理论阐释和政策理论发展是如何进行的和推进的。第二，理解和解释政策科学元理论化过程中政策概念创建的背景和过程。第三，从受某种政策影响的人的角度以及研究一个政策概念的作者的推断来仔细检查政策现象是如何被理论化的。第四，通过将关于一个政策主题的若干研究的定性描述混合在一起来推进政策知识。

策略 16：元设计（Meta-design）策略。元设计是一个新兴的概念框架，旨在定义和创建社会和技术的基础设施，在其中可以发生新形式的协作设计（Fischer and Giaccardi, 2006: 427）。元设计是一种独特的设计方法，关注的是打开解决方案的空间，而不是完整的解决方案（Giaccardi and Fischer, 2008: 19-32）。借用元设计手段推动政策科学元理论化过程的空间开放性和公开性，培育政策科学元理论化过程中的创造力和共同创造（Co-creation），以便带来新的见解、新的想法和新的人工制品。

总之，在具体的元理论化中，可能会使用一种策略，或混合使用多种策略。

总　结

"很多学者，只重视假设检验却很少重视理论创造，只重视方法却不重视理论思想，这是错误的趋势。在社会科学中，理论创造、假设检验都是非常重要的。但归根结底，理论创造是最为重要的。

如果忽视了理论，就会导致乱用模型，或者导致概念界定的错误、盲目使用数据库，无法为知识增长做出贡献（Huberman & Miles, 1994：428）。"因此，要推进政策科学的发展，增加政策知识的积累，我们不仅要重视政策理论，更要重视政策科学中理论化的研究。当然，理论化需要有创造力。

创造力指为产生既新颖（原创或意想不到）又合适（有用或满足任务限制）的工作而要具备的能力（Sternberg and Lubart, 1996：677－688）。创造力要求创造者要有创造性的想法，要对手头的任务有很高的工作积极性，具备与领域相关的知识和处理任务的能力，以及与创造力相关的技能。创造力是政策科学发展和理论化政策科学的源泉。纵观政策科学 70 余年的发展历程，从民主政策科学的提出到一系列政策理论的提出，无不闪耀着想象力和创造力的光芒。从中可以看出，同任何一门科学一样，创新是政策科学发展的动力。创新不能拍脑袋随便臆想，要有根基。我们不可能抛弃已有的政策科学研究成果，另起炉灶，创建一个与过去完全脱离的政策科学。创新具有一定根基，一定是建立在政策科学和相关科学已有的成果之上的创新，具有一致性和连续性。中国的政策科学家应当在继承已有政策科学理论化成果的基础上，善于从中国实践中寻找创新的元素，真正树立起"移步不换形"的守正创新精神，推动政策科学的发展。

此外，未来政策科学中的元理论化研究还有四项工作需要付诸实施。第一，政策科学中的元理论化由哪些要素构成。第二，如何推进政策科学中元理论化的制度化建设，以应对日益复杂多样的政策理论。第三，如何推进政策科学中元理论化的规范化建设，以改进元理论化方法，克服方法中的问题。第四，如何整合新旧范式和新旧理论以及整合范式和理论，提高元理论化的解释力。

第八章　中国社会规划的风格和改进方向[*]

苏联为摆脱落后的农业国面貌，于 1928 年实施了第一个五年计划。20 世纪 30 年代，美国为摆脱经济大萧条危机和实现经济振兴，开始实施各种发展规划。印度为改变落后面貌，于 1951 年开始实施第一个五年规划。中国为了实现工业化，于 1953 年开始实施第一个五年发展计划（自"十五"开始改为五年规划）。虽然发展规划不是中国发明的，但在发展规划的制定和实施的连续性和一致性上，在保证发展规划实施的效率和效果上，中国无疑是做得最好的，其经验对世界尤其是对发展中国家具有很好的示范效应。在 2000 年以后，随着国家经济实力的逐步增强和人民对改善民生的迫切愿望，中国开始重视社会规划（Social Planning）工作。作为国家发展规划的关键组成部分，目前中国的社会规划几乎涵盖收入、社会保障、卫生、教育、就业、减贫、社会救助、个人社会服务、社会住房等各个领域。社会规划为维护社会公平，提高人民的生活质量，增强人民的获得感和满意感，促进国家发展起到了至关重要的作用。鉴于中国社会规划所取得的重大成就，有必要对社会规划编制的中国风格进行理论总结，并提出中国社会规划的未来改进方向。

---

[*] 本章曾发表于《社会政策研究》2021 年第 2 期，原标题为《中国社会规划的特点和改进方向》，内容有修改。

第一节　理解社会规划

一　规划

规划也叫计划,以前中国政府在文件中使用的术语是"计划",现在使用得更多的是规划。一般来说,社会规划是一个国家和地区整体发展规划的组成部分。因此,有必要先理解规划的内涵。"规划就是提前决定做什么,怎么做,什么时候做,由谁来做。规划弥合了我们从现在到我们想去的地方的差距。它使原本不会发生的事情有可能发生。规划是对行动过程的有意识的确定,是基于目的、事实和经过深思熟虑的估计的决定(Koontz and O'Donnell, 1972: 113)。"根据检索到的文献,可以从以下三个方面总结规划的一般特征。

第一,面向未来。规划是一个面向未来的决策过程,指在未来一段时间内如何使用可利用的资源来实现特殊目标(Conyers, 1982: 1-2),同时,规划具有多重性,在最低限度上指在制度化理性、系统知识和组织化的创造力的帮助下,塑造未来的努力(Dror, 1971c: 97)。

第二,具有选择性。规划是根据事实、预测和价值的应用所进行的政策选择和规划。规划可以被不同的社会以不同的方式用于不同的目的(Waterston, 1965: 8-9)。

第三,行动导向。规划是对行动的设计,就是对某个/某些目的、目标和对象所采取的有意识的、有组织的行动,尤其突出依据未来的可预测性而采取行动(Burch, 1996: 3)。同时,它又是一个综合的分层组织的行动结构,其中各种决策在功能上是有序的(Ozberhan, 1969: 47)。

总之,规划就是一个塑造未来的决策过程、政策选择过程和对行动的设计过程。将规划的三个要素确定为未来导向、寻求有效手段和行动导向至关重要,这些要素可以将规划与其他形式的决策区分开来。

二 社会规划

社会规划有时也叫社会计划,社会规划除了具备规划的一般特性外,根据检索到的文献,它还具有五个方面的特征。

第一,社会规划是针对社会现象的规划,进一步说是关于在"社会"这个词所指的有限领域中进行更好决策的概念(Schaffer, 1970:29-46)。社会规划基于两个主要假设:一是在社会过程中存在着明确的自然法则,对这些法则的认识是可能的。二是社会规划可以是科学的(Sorokin,1936:12-25)。

第二,从最广泛的意义上说,社会层面的规划是一种社会调节形式,即按照社会确定的标准对人们的利益和行为施加系统的影响(Pusic,1981:411-418)。社会规划可以被理解为"对社会系统内变革的指导"(Friedmann,1967:225-252)。

第三,社会规划将规划编制机构的活动目标引向实现其他机构也在努力实现的社会政策目标(Williams,1976)。尤其在一个社会变革的过程中,社会规划可被应用于改变社会结构(Lewis,1944:388-398)中。

第四,社会规划体现了国家干预的主张,是社会发展的核心理念(Kahn,1969:1-2)。

第五,社会规划是一个有序的民主过程,可以在政府的领导下通过所有制度力量来保证和规范。此外,社会规划必须从社会理论中汲取知识基础(Odum,1934:6-23)。

总之,社会规划就是政府为实现社会政策目标而打算采取的一系列综合措施,是一种项目型和干预型的社会政策,体现了社会干预的主张和社会发展的核心理念。社会规划被概念化后不会与更大的社会相隔离，因为更大的社会是决定或塑造社会群体及其利益的社会制度和结构的基础（Poon, Button and Nijkamp, 2006：3-4）。

三 社会规划的命题陈述

根据已有的文献，本节总结出一套社会规划的理论陈述，这样的理论建构方式可能对社会规划实践更有益。本节从两个途径构建社会规划理论：一个是从规划思想观点中探寻，另一个是从社会规划本身探寻。

（1）根据以上定义，本节推导出社会规划的第一个命题。

命题1：社会规划意味着选择国家的社会目标，并为实现这些目标设定任务。它需要对这些目标进行排序，评估实现这些目标的成本（就其他目标而言），并判断这些规划的可行性（Dyckman, 1966：66-76）。

（2）社会规划的意味、原因和功能条件。里德（Reade, 1983：159-171）提出了九条"规划的构成理念"（the Constituent Ideas of Planning），本节从中推导出社会规划的第二个陈述命题。根据瓦尔达沃夫斯基（Wildavsky, 1973：127-153）勾画出的规划的九个条件和功能，本节推导出社会规划的第三个和第四个命题。

命题2：社会规划意味着有一个明确陈述的期望结果，该陈述命题必须满足三个条件。

命题2a：任何社会规划的目标（或假设的后果）必须以可操作或可测试的形式陈述，以便可以实际观测到实现这些目标的进展和程度。

命题2b：这些期望或预测的结果在实际上和在经验上必须在可接受的概率范围内是可能的。

命题 2c：该规划必须在一段足以观察其效果的时间内执行，没有这一点，监控几乎不可能完成。

命题 3：作为原因的社会规划。进行社会规划的一个必要条件是因果知识和理论，以及支持因果关系的一些证据。特定社会的人们必须能够在他们自己国家的特定情境下运用它们。

命题 4：作为正式规划（Formal Planning）的社会规划。如果我们愿意将社会规划等同于正式规划，那么就有可能问，社会规划中规定的干预措施是否已经实施，是否已经接近实现预期的目标。对正式规划的评估取决于在规划中表达的意图和国家未来成就之间建立有效的联系。

（3）社会规划包含价值承诺，它的想法本身就是具有意识形态的（Midgley，1984a：4-7）。由于拥有政治权力的人负责社会规划的决策和实施，他们中的许多人都持有与特定意识形态立场相关的价值观，所以社会规划不大可能是一种政治中立的活动。由此推导出社会规划的第五个命题。

命题 5：社会规划是一个国家和地区价值观和意识形态观点的体现。

命题 5a：社会规划是一种规划形式，其标准由现行的社会政策价值观来决定（Pusic，1981：411-418）。

命题 5b：以人民为本、平等、国家干预和社会规划本身的概念反映了广泛的集体主义价值观。

（4）社会规划和社会政策是紧密相连的。基本的社会政策决定是把某个或某些社会政策列为优先考虑的、合理的和有效的决策，如九年制义务教育、基本养老保险和基本医疗保险等，而在随后的社会规划阶段必须对此做出辅助性的政策决定。社会规划追求的是满足社会群体的基本需求、实现社会平等和社会公正。由此推导出社会规划的第六个命题。

命题6：政策制定意味着就所需的变革或发展类型做出决定，而规划是决定如何最好地实现这种变革发展的过程（Conyers, 1982: 12 - 13）。社会规划指向推动社会结构变迁（Mayer, 1972: 132 - 135）。

（5）社会规划是一个政治过程。规划是社会存在的一个基本要素，努力使社会活动具有一致性和自觉性（Levitt, 1979: 77 - 83）。"社会规划最初可能是作为政府规划出现的，是政府为实现社会政策目标而打算采取的一系列综合措施（Pusic, 1981: 411 - 418）。"由此推导出社会规划的第七个命题。

命题7：作为权力的社会规划。社会规划就是政治，是在当前保证实现未来卓越目标的政治力量，一国的政府必须能够将其现有资源用于实现未来目标。

命题7a：社会是政府治理的组成部分。

命题7b：社会规划需要政府行使权力，以实现所创造的未来愿景。

命题7c：资源分配是规划本身向前推进所必需的，同样需要政府的批准和资金的注入。

总之，社会规划的命题陈述由规划思想和社会规划思想两大块七个命题构成，这种理论建设方式与一般理论建设方式相比较为独特，这或许是由社会规划本身的特质所要求的。可以确信，它对于确立中国风格的社会规划编制和社会规划编制的未来改进方向具有重要的指导意义。

第二节　中国社会规划的特点

一　社会规划模型概述

西方学者根据社会规划实践总结出了三个社会规划模型：一是

渐进规划模型（Incremental Planning Model）。这个模型完全聚焦于现存的政策和实践，过于保守，没有聚焦于未来目标和实际的变化。二是理性—综合规划模型（Rational-comprehensive Planning Model）。这个模型是对渐进规划模型欠完整性的回应，但过于强调理性，没有关注权利、价值观和意识形态的作用。三是沃克（Walker，1984：70-94）提出的结构规划模型（Structural Planning Model）。他认为，结构规划模型是一个规范的概念，试图扭转经济与社会价值和优先事项之间的关系，"这种方法的实质是其变革性目标"。但这个社会规划模型主要是为资本主义社会服务的，因为"它可以用来将社会主义或社会民主的公共机构转变为私人机构"（见表8-1）。总的来看，这些模型有其合理要素，但不完全适用于中国的社会规划。因此，本节依据以上定义、命题陈述和已有的社会规划模型，结合中国的社会规划的实际运作情况，尝试总结出一个中国风格的社会规划。

表8-1 社会规划模型

标准	渐进规划模型	理性—综合规划模型	结构规划模型
目标/价值的定义	隐含在所选政策中	明确定义和公开阐明目标	明确定义为社会主义者，即按需生产
替代政策的评估	只是对现有政策的微小改变	综合的、涵盖所有相关因素	局限于价值观定义的范围，例如，它是否能满足社会需求？
政策选择的基础	取决于政策制定者之间的共识	实现目标的手段	在民主支持下实现目标的手段
成功政策的测量	达成的协议	实现的目标	在持续支持下实现的目标
经济和社会优先事项的关系	经济目标占主导地位	经济目标占主导地位	社会目标占主导地位

续表

标准	渐进规划模型	理性-综合规划模型	结构规划模型
社会理论	共识	共识	冲突
权利理论	多元主义的	多元主义的	精英/阶层

资料来源：Walker，1984。

二 中国社会规划的演进

中国社会规划的发展与国家五年发展规划（计划）紧密联系在一起。"六五"以前，五年计划都是围绕着经济发展来制定和实施的。在改革开放的大背景下，从"六五"计划开始，名称由以前的"国民经济五年计划"改为"国民经济和社会发展五年计划"。不仅如此，还用了一个篇幅——"社会发展计划"篇，从此，社会规划成为每个"五年规划"的重要内容，而且所占比重越来越大，覆盖面越来越广。例如，《中华人民共和国国民经济和社会发展第十四个五年规划和2035年远景目标纲要》共有19篇65章，专门用第十三篇和第十四篇共九章的篇幅几乎涵盖了包括教育、健康、就业、收入和社会保障、个人社会服务等在内的社会规划的全部内容，可以说"六五计划"是社会规划得到确立的一个重要的标志，而"十四五规划"是社会规划得到全面展现、走向繁荣的标志。

在国家"六五计划"的推动下，从20世纪90年代开始，社会规划的专项五年规划也陆续出台。如"八五"时期出台了教育事业"八五"计划、卫生事业"八五"计划和残疾人事业"九五"计划纲要等。进入21世纪，出现了更多的专项五年社会规划，如劳动和社会保障事业发展"十五"计划纲要、老龄事业发展"十五"计划纲要和养老服务"十一五"规划等。与此同时，中长期专项社会规划也得到高度重视和长足发展。如《国家中长期教育改革和发展规划纲要（2010—2020年）》《中国教育现代化2035》《中长期青年发展规划（2016—2025年）》《"健康中国2030"规划纲要》《国家积极应对人口老龄化中长期规划》等。

总之，党和政府经过多年的努力，构建出了持续时间最长、涉及人口最多、覆盖面最广、门类齐全、与法律法规相辅相成的社会规划体系。这也是中国在政策实践领域中取得巨大成就的一种体现。

三 中国社会规划的特点和风格

国家"政策风格（Policy Style）强调不同类型的行为者及他们在决策中如何相互作用，以及为此目的建立的程序和框架如何影响发生的相互作用和做出的决策（Howlett and Tosun，2021：15）"。作为一种特殊的政策，中国风格的社会规划由六个维度构成，既有适用于中国编制社会规划的独特的元素，也有适用于所有国家和地区编制社会规划的要素。

维度一：价值理念。社会规划的中心任务是处理人类价值问题（Kaplan，1973：41-61）。第一，社会规划服从于国家中长期发展战略，体现了中国共产党"立党为公、执政为民"的理念、以人民为中心的发展思想。第二，社会规划编制的目标导向调动政府和社会的资源，解决人民日益增长的美好生活需要和不平衡、不充分的发展之间的矛盾，维护人民最基本的生存尊严，不断满足人民日益增长的美好生活需要，不断提高人民的获得感、幸福感和安全感，不断促进社会公平正义，实现经济和社会协调发展。所有这些意识形态都是公开阐明的。

维度二：政策体制。遵循"党委领导、政府主导、部门负责"的社会规划编制体制。第一，坚持中国共产党的领导。中国共产党发布总体规划建议，如《中共中央关于制定国民经济和社会发展第十四个五年规划和二〇三五年远景目标的建议》。第二，政府主导。政府依据建议编制总体规划，如《中华人民共和国国民经济和社会发展第十四个五年规划和2035年远景目标纲要》。第三，严格按照国家法律法规的要求编制和实施社会规划。第四，政府职能部门根据上述规划建议和纲要编制专项社会规划，如教育规划、卫生规划、社会保险规划和社会服务规划等。

维度三：政府治理。从政策角度来看，治理的概念很有用，因为它使我们能够通过将国家和社会的关系描述为以特定方式影响和指导政策制定的不同治理模式，来减少政策制定中明显混乱的现实（Howlett，Capano and Ramesh，2021：204）。中国的社会规划编制实行的不是西方学者所认为的"封闭的一党集权体制"（Howlett and Tosun，2019：199），而是一种"开放的一党领导多党合作"的治理体制。在社会规划情境中，治理被视为影响解决问题的活动。第一，社会规划编制基于国家和社会各界的共识，是党政主动作为、合作治理、协商民主的体现，强调尊重社会规划的客观性。第二，政府越来越多地使用专家和研究机构，注重听取社会各界的意见和建议。如"七五"计划之前主要实行内部集体决策机制，"七五"到"九五"计划采取咨询决策模式，"十五"规划开始实行集思广益决策模式，决策过程越来越开放（马远之，2017：176-188）。其中也包括自下而上的政府内的政策攻关。第三，社会规划编制既遵循循序渐进的原则，力图保持社会规划的一致性和持续性，面对变革也会主动应对。第四，接受许多社会行为领域（如经济、婚姻和教育关系）相对快速的变化，增加对社会行为的公共控制（Lewis，1944：388-398）。

维度四：政策科学。第一，知识导向。注重社会规划过程中的知识和社会规划内的专业知识以及经验直觉等隐性知识的综合运用和总结。第二，问题导向。问题定义作为解决过程中必不可少的一步，在政策分析中早已制度化（Dery，1984：14－20）。问题一直是政策分析的焦点，问题定义也因此被认为是社会规划编制中最关键的阶段。除了常规的任务，社会规划编制更注重预判未来一段时间内社会问题中需要解决的重点、难点和堵点，加强前期研究，统筹谋划有效的解决措施。第三，情境导向。情境的用途在于它不仅仅指向事实对象，这些对象通常用"国家""时间""行政部门"或"组织环境"等词来指代（Virtanen，2013：3－5），而且能够为编制社会规划提供有用的信息。因此，社会规划编制注重对未来一段时间内所面临的挑战和机遇的研判，把社会规划的编制和实施置于一定的情境中精心谋划，减少不确定性。第四，结果导向。社会规划编制越来越重视产出指标和结果指标的设置，并以此为依据进行社会规划的业绩考核。客观地说，目前结果指标的设置仍然薄弱，业绩测量还没有充分聚焦于政府供给公共服务的结果和反映服务目标是否能实现（李兵、李邦华、孙文灿，2019：50－58），还没有认识到结果指标是确保政策实现预期结果的工具，也没有很好地将结果指标与政策目标对应起来（李兵、吴子攀，2019：95－103），这一方面有待强化。

维度五：行动力和执行力。中国的社会规划奉行国家干预思想和集体主义价值观，突出任务选择性。实际的社会规划往往会选择重点、难点和堵点问题，调动必要的资源集中攻克。当然，在执行力上还有亟待加强的方面。

维度六：未来研究（未来学）。社会规划是未来导向的，所以在社会规划编制中注重使用预测技术，规划编制机构也越来越认识到未来研究在社会规划编制中的重要作用，但对未来研究的运用还不够，需要强化，尤其是对"预见"的运用。

总之，国家政治、经济和社会特征的特殊组合通过国家政策制定风格决定政策结果，给一个国家的大多数政策留下印记（Freeman，1985：467－496）。中国风格的社会规划充分体现一种开放式、动员式的集中领导、集中智慧、集中资源办大事的集体主义风格和特质。当然，中国的社会规划并不是尽善尽美的，仍有改进的空间。从研究的角度来看，中国风格的社会规划还有三个方面需要改进，即在情境主义方法论、未来研究和社会指标研发上多下功夫。

第三节 情境主义和社会规划

一 理解情境主义

在认识论中，情境被认为是理解相关知识的关键。我们可以从以下六个方面来认识情境主义。

第一，情境主义是一个旨在创造统一的关系和对话的概念，这是一个渴望在整体中以连贯的方式运动的概念，同时为自己创造一个利基（carving a niche）的概念（Çizgen，2012）。

第二，在认识论中，"情境主义"指的是各种或多或少紧密相关的立场观点（De Rose，1999：187－200），是各种理论的总称。它们的共同出发点是这样一个论点，即知识归属的真值（Truth Values）是情境依赖的（Brendel and Jäger，2004：143－172）。

第三，情境可以被描述为一种现象、或环境、或事实、或事件与其他事物的结合，可以被定义为围绕一个行动或事件所形成的背景、环境、框架或境况（Çizgen，2012）。

第四，"知识"在不同情境下具有不同的归属性（Heller，1999：115－129）。根据这种情境主义的说法，"知识"是一种索引表达，在不同的情境中意味着不同的东西（Freitag，2011：273-284）。"当代认识论中最重要的运动之一是认识论属性或情境主义。这一观点认为一个信念的认知状态，也就是说目标信念是否为知识的实例，在很大程度上取决于情境因素（Brady and Pritchard，2005：161-171）。"

第五，情境主义者试图解决怀疑论的悖论，不是通过反驳怀疑论的论点，而是通过将它们限制在可能性的情境中（Preyer and Peter，2005：1-7）。知识归属性的情境主义理论几乎是为哲学怀疑论提供某种答案而发展起来的（De Rose，1999：187-200）。

第六，情境主义作为一种规范的方法论和解释方法，可以使用基于经验的概念、所有材料、因素和规则来预测和影响事件发展，增强社会规划的科学性、准确性和预见性。

二 社会规划的情境主义方法论

情境主义是一种解释政策现象的方法和方式，主要体现在五个方面，这也是社会规划的情境主义分析框架。

第一，情境主义者拒绝关于知识属性的不变性（Invariantism）（Preyer and Peter，2005：1-7），这样，情境主义方法论支持这样一个判断，即既定的政策知识属性在不同的情境中可以表达不同的政策命题。同理，情境主义要求我们研究社会规划的知识归属的真值，和在不同情境下的社会规划命题。

第二，政策理论中的情境主义可以将原则置于情境中。一是通过对多种情境的探索和评估，设计、修订和完善了一般原则。二是应该对特定情境中的规范给予足够的重视（Modood and Thompson，2018：339-357）。同理，情境主义要求我们研究社会规划的一般原则和专属原则，研究在社会规划的情境主义分析中，用何种和如何运用方法论描述和建立社会规划规范和规范性，以及如何证明政策规范和规范性的正当性。

第三，情境可以确保政策的完整性和统一性，使我们能够有效地使用我们的工作空间，使我们能够清楚地确定我们所面临的关于任何政策问题的解决方案以及成功的解决方案，并且评估属于它的元素的有用性，以便确定政策议程（Çizgen，2012）。同理，情境主义要求我们研究社会规划中的问题确定、议程设置、核心构成要素等议题。社会规划的情境主义方法论不仅要理论化，还需要操作化，把它看成社会规划行动的组成部分。

第四，情境互动理论（Contextual Interaction Theory）可以用来理解在社会规划贯彻落实过程中发生了什么以及为什么会发生（Mooketsi and Chigona，2016：1-20）。情境互动理论概述了可能影响社会规划贯彻落实的因素，即政策行动者的特征、互动、认知、动机、资源和权力、公共治理的设置和一致性（Bressers，2004：30）。同时，情境主义为更好地解释和理解社会规划在何种情境下发生改革、完善、调整和变迁提供一种方法论视角，并在类似的决策情境下为其他决策者提供借鉴和指导。

第五，政策科学中的情境主义是一种方法论，在规范的政策论证中至关重要（Lægaard，2020）。一方面，情境主义可以通过规范的社会规划论证，深化对社会规划行动的历史背景或制度或特定情况的理解。另一方面，如何设计考察社会规划情境性的定量和定性指标，用何种方法收集、加工和处理社会规划情境性证据，同时有必要考虑这种方法如何影响主要研究资料的收集和分析的实用性。

第四节 未来研究和社会规划

一 未来研究及其对社会规划的意义

未来研究也叫未来学（Futurology），本质上是一种规范活动，基本特征是工具性、规范性、跨学科性、时间跨度和偶然性知识，可以简单地定义为从对未来知识的特殊兴趣的角度对当前现实的研究（Mannermaa，1986：658-670）。未来研究的主要任务是发现未来可能的前景，并评估其可能性、可取性和可行性（见表8-2）。

表8-2 未来研究的任务和兴趣

知识兴趣	未来研究领域		
	可能性	可行性	可取性
技术的	目的是寻找趋势（客观性），替代选择无关紧要	预测是研究的主要任务	无关紧要的、不科学的、不言而喻的
解释的	主要目的是研究一个社会中人与人之间的交流，对不同任务的未来研究融合为对社会现实的共同理解		
解放的	增加替代选择，让"不可能"变成可能	"可能的"被认为是一个可参考的选择，（通常）是一个批评的对象	影响力比寻找"可能"的替代方案更重要

资料来源：Mannermaa，1986。

一般来说，未来研究是一种研究活动，社会规划是一种政府的政策活动，二者虽有区别（见表8-3），但也有联系。社会规划为未来研究提供了可供使用的许多方法和技术。因此，未来研究和社会规划是高度互补的（Roney，2010：71-100）。概括来说，未来研究对于社会规划的意义主要有以下五点。第一，未来研究为社会规划预设一个编制框架。第二，未来研究为社会规划编制把握方向和提供一个未来场景。第三，未来研究为社会规划编制提供未来知识和预测信息。第四，未来研究提高社会规划编制的控制力。第五，未来研究提出各种可供参考的、可能的、解决问题的措施和方法。不过"有两件事必须记住：第一，未来研究不应被视为规划活动的直接延伸，否则围绕规划活动的许多限制也将被纳入未来研究中。第二，未来研究不应成为一项独立自主的活动，否则它们与决策框架的相互作用很容易丧失，使其结果不切实际，在决策和规划编制中用处不大"（Khakee, 1988：200 - 211）。

表 8 - 3　未来研究和社会规划编制的大致区别

特征	一般未来研究（学术研究）	政府委托的未来研究（用于社会规划编制）	社会规划编制
产出	决策的背景和情境	决策的背景和情境要与决策相结合	一套决策
详细程度	可详细、可不详细	比较详细	比较详细
组织地点	通常在决策组织之外（政府机构外）	在政府机构内和政府机构外	在决策组织环境中（政府机构）
时间要素	没有时间要求或特定情况下有一定的时间要求	有时间要求	有时间要求
权力介入	低度介入	政府会干预	高度介入
时间跨度	一般研究实践可长、可短	时间跨度按政府要求而定	一般为 5~10 年，也有 15 年以上的长期规划
技术	主要是基于数据的、严谨的、分析的和定量的技术，但也参考想象力、直觉和隐性知识	主要是基于数据的、严谨的、分析的和定量的技术，但也参考想象力、直觉和隐性知识	主要是基于数据的、严谨的、分析的和定量的技术，但也参考想象力、直觉和隐性知识
公开情况	可公开、可不公开	是应政府要求而定，一般不公开，偶尔也公开	正式的社会规划必须公开
评估	主要基于预期	主要基于预期，也考虑业绩	主要基于产出和结果的业绩考量

资料来源：Shani, 1974。

二 社会规划的未来研究准则和预见

出于某些分析和实践的目的,将未来研究和规划编制结合成一个单一的实体可能会有一些用处(Shani,1974:635-649)。社会规划编制的未来研究的"研究行动是一种方法或研究策略,它结合了各种方法或社会研究技术,建立了一个集体、参与和积极的结构来寻求信息"(Junior, de Oliveira and Kilimnik,2010:3-32)。社会规划编制的未来研究可能需要从确定准则和选择方法工具中的两个方面入手来设计和确立研究行动。

根据德洛尔(Dror,1970a:3-16)提出的"政策导向的未来研究"准则,本节推导出社会规划编制的未来研究的四个关键准则。

准则1:社会规划编制的未来研究应该明确地将未来政策选择与当前的规划联系起来,以保持社会规划的一致性和连续性。

准则2:社会规划编制的未来研究应关注实际或潜在的政策注意事项。

准则3:社会规划编制的未来研究应进行预见,即通过积极寻找新的想法和新的知识,确定因不了解未来发展的可能性而未被承认的重要政策问题。

准则4:社会规划编制的未来研究必须易于和政府社会规划编制者(部门)沟通,应高度重视未来研究与政策制定之间的衔接问题,并应满足政府部门的需要。

"预见"(Foresight)被认为是规划的核心知识和专业身份或任务(Myers and Kitsuse,2000:221-231)。科茨(Coates,1985:29-53)最早给"预见"下了一个定义,并将其描述为一个给塑造遥远未来的力量提供充分理解的过程。按照这一定义,"预见"是系统的、参与性的,侧重于收集关于未来的知识,是一个建立中长期愿景的过程,并以今天的决策为导向,动员联合活动来塑造未来(FOREN,2001;Anderson,1997:665-677)。由于推导出社会规划编制的未来研究应当围绕着"预见"展开,因此,选择方法工具的思路主要有以下四个。

预见方法和思路1:把预见看作一个过程,其过程应当适应研究领域的条件和旨在实施这类研究的资源(Szpilko,2020:1-24)。

预见方法和思路2:可以借鉴和尝试使用经合组织(OECD,2019)建议的战略预见方法(见表8-4)。

表8-4 经合组织建议的战略预见方法

方法	内涵
地平线扫描(Horizon Scanning)	寻找和研究当前变化的信号及其潜在的未来影响
大趋势分析(Megatrends Analysis)	探索和回顾当前在多个规划编制领域交汇处发生的大规模变化,因为这些变化在未来会产生复杂的和多层面的影响
情景规划(Scenario Planning)	发展多种关于未来的故事或图像,以便探索和学习它们对现在的影响
想象和回溯(Visioning and Backcasting)	建立一个理想的(或不希望的)未来状态的图像,并向后工作以确定采取(或避免)什么步骤

资料来源:OECD,2019。

预见方法和思路3:选择干预研究对象的变量/关键因素和社会指标。对每个因素的不确定性进行等级分类,对关键因素进行排列,并进行相应的推断(Junior, de Oliveira and Kilimnik, 2010:3-32)。创建对社会规划有用的、负责任的预测模型和预测技术。

预见方法和思路4:根据预见结果进行推理。推理包括预期结果推理和情境推理,并试图找出达到目的的方法和决定追求其目标的行动。

三 关键方法的使用

作为一个整体的综合性领域,未来研究借鉴和使用了包括自然科学、社会科学和人文科学在内的现有学科中众多的方法论技术,如抽样技术、统计分析、民意调查和参与观察等。同时,未来学家也发展了自己的方法,如外推技术、统计模型、场景写作、模拟、历史类比、德尔菲技术、操作模型、交叉影响分析、网络分析和因果建模等(Bell,1996:3-25)。在社会规划的未来研究中使用这些方法不是什么大问题,但要特别注意:决定它们与社会规划的未来研究相关性的是其实质性内容和使用目的,而不仅仅是它们的方法特征(Bell,2009:1-72)。因此,社会规划研究者需要从认识论的高度来理解和使用未来研究方法。社会规划的未来研究中关键的方法论有以下三个。

第一,"情景"(Scenario)的方法论工具为未来主义方法论提供了统一性,对于社会规划也是如此(Bell,2009:1-72)。场景是对未来可能如何展现的替代性描述。它们将关于不同趋势和可能性的信息编纂成内部一致的可信的替代性未来图像。场景不需要复杂或高度量化就有价值。事实上,它们经常被用作战略规划的高度量化方法的解毒剂,情景方法最好通过与一种定量方法相结合来量化战略规划(Saleh et. al.,2008)。

第二,预测方法。使用预测方法时需要注意六点(Gordon,1992:25-35):一是区分看似合理的(Plausible)探索性方法和看似可取的(Desirable)规范性方法。既要避免研究目标是描述看似合理的未来,而不考虑可取性,也要避免故意专注于描述可取或不可取的未来。二是预测是不完整的,可能非常精确也可能相当不准确。三是预测本身可以改变规划和行动。因此,也可以改变可能的未来成为现实的机会。四是规划必须是动态的。由于不准确和不完整，所有基于预测的规划都可能出错。因此，随着新信息的获得，应修订预测，并审查基于这些预测的规划。五是预测不是价值中立的。

第三，监控（Monitoring）方法。这是一个评估事件发生的过程，采取实时数据收集和分析与即时推断相结合的方式，并立即将结果投射到未来的方法（Bell，1996：3-25）。监控包括观测、预判、评估、反映和追踪等活动，对于社会规划的未来研究是一个有效的方法。

总之，社会规划的未来研究对于推动中国社会规划编制的科学化、客观化和规范化有积极的意义，对研究社会指标选择和社会规划编制的关系也具有引导作用。

第五节　社会指标和社会规划

一　社会指标的功能

提高社会规划的有效性和改善规划指标体系密不可分，因为规划指标体系的目标是有目的地改变社会成员的生活方式、生活水平和生活条件（Smirnov，1975：3-24）。而研发社会规划指标体系离不开对社会指标的探索。社会指标对社会规划的功能可以概括为五个方面。

第一，社会指标不仅仅指向社会状况及其变化，还有助于将这些社会状况概念化，并赋予了健康、教育、基本需求、文化等开放性概念以及实质性意义（Horn，1980：419-460）。这正是社会规划所需要的。

第二，从主题的角度来看，社会指标提供了一种反映社会发展实质方面的信息；从认知的角度来看，社会指标揭示了在其他方面不可观察（或在给定条件下不可观察）或过于复杂而无法凭经验观察到的特征；从社会技术角度看，社会指标是决策的工具（Illner, 1984：275-285）。

第三，社会规划的社会指标可分为信息指标、规划问题指标、资源指标、业绩指标和目标指标五种，其中目标指标也称为产出指标，是对规划完成情况的实际测量，经常被用来测量变化（Midgley and Piachaud, 1984b：34-55）。

第四，根据社会指标所提供的关于我们的现状和发展方向的信息，它们有助于确定社会规划的基本原理，制定社会规划的大纲和细节，调整期望的社会变革的方向和速度。它们还可用于监控社会规划的进度，并在社会规划完成时评估其各自的业绩（Horn, 1980：419-460）。

第五，社会指标在社会规划过程中的功能类型还可以从诊断、项目安排和实现、评估三个方面来划分（见表8-5）。

表8-5 社会指标在社会规划过程中的功能类型

社会规划过程的阶段	指标类型	功能	使用的情境
诊断	描述性指标	初始情况的登记和描述	信息系统
	分析性指标	初始情况的分析	介绍性社会分析
项目安排和实现	预测指标	预期或潜在发展的特征	预测、项目、规划
	项目指标	主要目标的反映	
	规划指标	反映中短期目标（手段）	
	社会规范	目标和手段的量化	
评估	控制指标	最后情况的描述	信息系统
	影响力指标	结果的反映	最后评估
	有效性指标	有效性的反映	

资料来源：Illner, 1984。

二 社会指标的设计思路

社会指标应当从五条思路围绕着社会改革和社会发展来设计。

思路1：按照指标类型和指向设计社会指标。通常由以下指标构成（Horn，1980：419-460）：一般描述性指标（通常为了满足社会规划统计实现的需求）、趋势和矢量指标、基数和序数指标、百分比和指数指标、上限和方向指标、主观评价指标、经济和社会商品指标、单位与估值指标、聚合指标。

思路2：按照规划运行设计社会指标。例如，投入指标、监管指标、产出指标、结果指标、满意度指标、影响力指标等是一种业绩考核指标，需要借鉴管理学的指标。

思路3：按照社会规划目标设计指标。第一，以满足基本需求为导向的指标设计。这与剩余性社会政策相对应，如社会服务兜底工程、社会救助规划、减贫规划、保障性住房规划等。第二，以防范和降低社会风险为导向的指标设计，如就业规划、妇女儿童保护规划等。第三，以消除社会不平等为导向的指标设计，如解决教育不平等和收入不平等的社会规划，"这种不平等可能被视为缺乏资金、人力或供应的问题，可能被视为主要由某些社会或区域群体比其他群体更容易获得现有服务这一事实造成的问题"（Conyers，1982）。通过在社会规划中有目的地设计相应指标，从而改革社会结构以解决社会不平等问题。第四，以改革为导向的指标设计，如医保改革规划等。第五，以提高普遍福利为导向的指标设计，如社会保险规划、公共福利规划以及老年人、儿童和残疾人福利规划等。

思路4：按社会政策类型设计指标。按照就业和社会保障、卫生服务、教育服务、社会住房和个人社会服务五大类社会政策设计社会指标。通常由政府部门根据职能分工负责相应的规划编制，这也是许多国家和地区政府常用的规划编制方式。

我们可以从联合国和OECD等国际组织的文件和报告、众多国家和地区的政策法规、中国的统计年鉴以及已有的政策和规划、国内外学者的研究中找到以上四类社会指标，需要做的工作是将这些社会指标进行检索、梳理、加工提炼、整合和创新，以便使这些社会指标更适用于社会规划。这还不够，如果将政策科学知识和未来研究知识考虑进来，那么社会规划的社会指标设计将会更完满。

思路5：政策科学和未来研究导向的指标设计。我们需要围绕意识形态、政策治理、政策知识、隐性知识、政策问题、政策情境、政策结果、政策论证、政策范式和政策预见10个主题设计指标，这将是一项富于挑战性和有前途的研究。

三 社会规划通常使用的基本社会指标

穷尽所有社会规划的社会指标超出了作者的能力，所以本节大致提出一些通常适用的基本社会指标。

（1）人口指标。包括出生和死亡指标、年龄和性别指标、平均预期寿命、城乡人口分布指标、迁移指标等。

（2）收入指标。包括贫困指标、国民收入指标、就业指标、社会保险指标等。

（3）卫生指标。包括卫生设施指标、公民健康指标、卫生支出指标等。

（4）教育指标。包括义务教育指标、教育设施指标、教育支出指标等。

（5）住房指标。包括住房条件指标、住房设施指标、住房支出指标等。

（6）个人社会服务指标。包括养老服务、儿童福利服务和残疾人福利所需的资格指标、服务设施指标、服务项目指标、服务支出指标等。

总之，设计好社会指标，对于编制卓越的社会规划至关重要。

总　结

本章对社会规划的定义、理论陈述、中国社会规划的特点和风格进行了分析和阐述，并提出了中国社会规划的情境主义方法论、未来研究和社会指标设计的设想和思路。这一方向性的研究对推动中国社会规划运动（Social Planning Movement），即社会规划的理论和实践探索无疑是有益的，当然仍有继续深化的空间。未来有两项哲学议题值得借鉴和思考。一个是社会规划的哲学类型（Boguslaw, 1982：1-3），即后实证主义社会规划，包括利己主义规划、存在主义规划、结构主义规划和辩证规划。另一个是探索社会规划的实践哲学新方法，即批判性启发法（Ulrich, 1994：19-37）。批判性启发法可以为规划者提供在实践中而不是在理论上面对实践推理问题所需的启发支持，并对"规划的系统方法"进行了批判性的重新解释。更重要的是，社会规划的未来研究对于应对人口老龄化国家战略研究具有借鉴意义。应对人口老龄化国家战略研究需要用未来研究弥补传统人口预测的不足，还要融入战略研究和战略管理的理论和方法，形成"老龄战略的未来研究"。

附录　德洛尔的政策科学思想和理论

耶赫兹克尔·德洛尔（Yehezkel Dror）是以色列耶路撒冷希伯来大学政治学教授，也是国际战略研究所（International Institute of Strategic Studies）和罗马俱乐部（The Club of Rome）的成员，曾在美国兰德公司（RAND Corporation）担任了两年的高级职员。1970年前后，他受到兰德公司的资助，致力于政策科学研究，是政策科学的先驱之一。本附录重点选取了他发表的八篇论文和出版的四本专著，归纳和整理出他的主要政策科学思想和理论。

一　政策科学的科学指向

德洛尔（Dror，1968：8）指出："政策科学指向的主要问题是如何改进政策制定系统的设计和运作，政策科学的一个主要任务应当是勾画出不同政策制定阶段、议题和形势之间的关系。"在他（Dror，1964：3-7）看来，阻碍政策科学的主要障碍可以确定为九项，即主题的特征、对物理科学形象的模仿、对政策制定的疏离、对确定性的追求、社会科学家的渐进式转变态度、"纯"与"应用"的知识困境、狭义专业知识与大学传统组织结构的内在局限性、外部制约、社会科学青年。这些障碍在某种程度上是相互依存和重叠的，本附录称为旧九条。后来又修正为新九条，原文表述如下（Dror，

1971b：37-38）。

（1）对科学在政策制定过程中提供帮助的能力缺乏信任，科学被视为一门近乎神秘的艺术，被"经验丰富的政治家和政策制定者"垄断。

（2）对制度和信仰的强烈的禁忌和仪式性的依恋，如果政策科学发展起来，预期这些就会被破坏。

（3）科学家和政策制定者之间的社会文化距离，仍然非常明显。

（4）不能理解科学对政策制定的贡献，既因为这样的贡献往往会用超技术形式呈现，又因为大多数政策制定者的相关知识不足。因此，会缺乏理解、产生焦虑并导致或者过度拒绝或过度接受科学的贡献。

（5）对同样有声望的科学家得出的相互矛盾的结论感到困惑，因此有忽视整体科学贡献的倾向。一方面是由于当代科学对政策制定的贡献是混乱的。另一方面则是由于许多政策制定者所持的科学观点是不成熟的。

（6）在科学家和科学对政策制定的贡献方面有着糟糕的经历。尤其是对政策制定者的观点缺乏重视。

（7）滥用科学术语和定量技术的不良经历，这些术语和技术被用来"滚雪球"，向政策制定者施压，并压倒他们，让他们采纳这样或那样的结论。这与一种普遍的趋势有关，即使用科学证据作为简报来支持早先在没有科学投入的情况下达成的党派立场。

（8）好的政策研究形式和政策制定习惯之间的不一致。简而言之，政策科学改进了备选方案，阐明可以作为评价政策质量标准的目标，并使做出决定的方式部分可见。所有这些特点都与当代政策制定的通常模式相矛盾，包括那些个人、团体和组织。

（9）正确认识到政策科学的发展和政策制定中越来越多地使用

政策科学并不是技术变革,但也涉及一些权力的转移——既包括政策制定系统的传统组成部分,也包括新的组成部分,同时还包括政策科学家和政策科学研究机构。

为了突破阻碍政策科学的主要障碍,德洛尔(Dror,1968:8)提出:"必须区分和设计一个制定政策的知识和与政策制定相关的知识。政策知识指政策议题知识和政策制定知识。因此,政策科学可以被部分地描述为探寻政策知识的学科,一般政策议题知识和政策制定知识,并把它们整合到一项独特的研究中。"为此,德洛尔(Dror,1968:163-164)设计了一个公共政策制定最优模型作为将抽象理论操作化的一项措施,模型包括三个阶段共18个步骤。原文表述如下。

元政策制定阶段包括七个步骤。

步骤1:处理价值观。

步骤2:处理现实。

步骤3:处理问题。

步骤4:调查、处理和开发资源。

步骤5:设计、评估和重新设计政策制定系统。

步骤6:分配问题、价值观和资源。

步骤7:决定政策制定战略。

政策制定阶段也包括七个步骤。

步骤8:资源再分配。

步骤9:建立运营目标,并对其进行优先排序。

步骤10:建立一组其他重要的值,并对它们进行优先排序。

步骤11:准备一套主要的替代政策,包括一些"好的"政策。

步骤12:准备各种替代方案的重大效益和成本的可靠预测。

步骤13:比较各种备选方案的预期效益和成本,并确定"最佳"方案。

步骤 14：评估"最佳"替代方案的效益和成本，并决定它们是否"好"。

后政策制定阶段包括三个步骤。

步骤 15：激励政策的执行。

步骤 16：执行政策。

步骤 17：执行政策后评估政策制定。

以上 17 个步骤都通过一个复杂的沟通和反馈网络相互连接，该网络可以被视为一个独立的阶段。

步骤 18：沟通和反馈渠道互连所有阶段。

此后，德洛尔（Dror，1969：272-273）进一步提出政策科学关注的主要焦点包括："第一，政策分析，为确定更好的政策替代选择提供启发性方法。第二，政策战略，为具体政策遵循的态势、假设和主要指导方针提供准则（例如，渐进主义与创新、对风险和时间的态度、综合性政策与冲击性政策、目标导向政策与能力导向政策）。第三，评价和反馈，包括社会指标、社会实验和组织学习。第四，通过重新设计，有时是新设计，改进政策制定系统，包括投入、人员、结构、设备、外部需求等方面的变化。"

关于政策科学的方法指向，德洛尔（Dror，1974：83-87）认为："自我分析和自我意识是政策的基本范式之一。因此，不断监测政策科学方法在不同国家的发展是至关重要的。它不是建立一个'政策研究社会学'，而是允许学习反馈，指导政策科学在其关键的比较经验交流和跨文化交流过程中的进步，以便建立政策科学家的职业，并提供共同的但往往是困难的努力方向。"

二 政策科学的属性

早在20世纪60年代,德洛尔(Dror,1969:272-273)就尝试概括出政策科学的10个特征,即政策科学的中心议题将是公共政策制定(包括政策议题和政策制定本身)的知识。政策科学定位于行动,是一个交叉学科领域。政策科学方法必须适合其特殊需求,政策科学瞄准工具性知识以改进政策制定,用整体主义态度处理政策制定系统。行动定位具有提供知识和促进知识使用两层意思。政策科学应当有利于创新和实现政策制定系统设计上的突破,必须在大学中建立独立的政策科学,使人们认识到政策科学教学的重要性以及更多地关注培养未来政策制定者和政策科学家。

随着研究的深入,德洛尔(Dror,1970b:135-150)认为,澄清政策科学的基本性质和范围的必要性变得更加迫切,因为对于越来越多希望致力于解决人类问题和社会问题的个人和机构来说,滥用这一术语作为任何活动的方便的象征都是危险的。从本质上讲,政策科学的目标是通过有意识的元政策制定来明确地重建政策制定。在政策科学真正开始之前,没有什么方法能比忽视科学的局限性而过度吹嘘政策科学,以及试图把人们认为是人类进步所需的超科学问题纳入政策科学的概念而过度使用政策科学的概念,更能将其摧毁的。因此,他进一步认为,政策科学应该促进"良心的想法"的观点必须被严词拒绝的主要原因有两个:一个是道德,一个是行为。

在对政策科学需要的主要范式创新进行探索的基础上,德洛尔(Dror,1970c:101-121)针对政策科学的性质概括出了九条"内核",原文表述如下。

(1)政策科学是一门超学科,侧重于公共决策。

(2)政策科学基于行为科学和分析方法,不仅依赖决策理论、一般系统理论、管理科学、冲突理论、战略分析、系统工程和类似的现代学科理论，而且只要相关，也要依赖物理科学和生命科学。

（3）政策科学融合了纯粹研究和应用研究，主要涉及在系统知识和结构理性的基础上改进政策制定。因此，现实世界在许多方面都是被作为参考框架和政策科学实验室。

（4）除了更传统的研究和研究方法，政策科学还接受隐性知识和经验作为重要的知识来源。提炼政策从业者的默契知识并使他们参与政策科学研究和教学是政策科学的独特特征。

（5）政策科学研究系统知识和结构理性对人类和社会意识自我定位的贡献。但是他们清楚地认识到超理性过程和非理性过程的重要作用。寻找改进这些过程的方法是政策科学的组成部分。换句话说，政策科学面临着如何通过理性行动改进超理性和非理性过程的悖论问题。

（6）政策科学的新范式涉及非常规的基本方法。例如，对被调查现象的理解的鼓励以及为发明新的社会设计以及社会和政治行为的新"法律"的努力。

（7）就所有应用科学知识而言，政策科学在原则上是工具—规范的，这是从与手段和中期目标有关的意义上讲，而不是与绝对价值有关。但是政策科学对实现"价值中立科学"的困难很敏感，并试图通过探索价值含义、价值一致性、价值成本和价值承诺的行为来为价值选择做出贡献。政策科学的某些部分甚至涉及"未来选择"的发明，包括它们的价值内容。

（8）政策科学强调元政策，包括政策制定模式、政策分析、政策制定系统和政策战略。虽然对政策科学的主要检验标准是通过更有效果和更有效率的政策更好地实现所考虑的目标，但政策科学本身并不处理离散的政策问题，但确实提供了改进的方法和知识。

(9) 努力提高政策科学在实际政策制定中的利用率。

今天看来,这九条"内核"对于"新政策科学"的发展仍然具有重要的指导意义,仍然值得我们继续挖掘和深入分析。

三 政策科学的范式创新

在德洛尔(Dror,1971a:418-431)看来,政策科学的主要关注点是对宏观控制系统的理解和改进,即公共政策制定系统。政策科学需要的范式创新主要包括以下八个方面(Dror,1970b:135-150),原文表述如下。

(1) 打破了各种社会科学和决策学科之间的传统界限。政策科学必须将来自各种学科分支的知识整合到专注于公共决策的超学科体系中。特别是,政策科学不仅建立在行为科学和分析方法的基础上,还要依赖决策理论、通用系统理论、管理科学、冲突理论、战略分析、系统工程和类似的现代学科理论。而且,只要相关,就也要依靠物理和生命科学。

(2) 弥合"纯"和"应用"研究之间的通常差别。不要把政策科学和作为社会科学应用补充的"社会工程"的发展混为一谈。这种努力几乎没有成功的机会,因为在将科学知识应用于确定的技术任务和利用知识和理性解决社会问题之间存在许多差异。在政策科学中,纯研究和应用研究的整合是通过接受改善公共决策作为其最终目标来实现的。结果,现实世界变成了政策科学的主要实验室,而对最抽象理论的检验在于其在政策制定问题(直接或间接)中的应用。

(3) 除了更传统的研究和学习方法,接受隐性知识和经验是重要的知识来源。努力提炼政策实践者的隐性知识,并让优秀的政策制定者作为伙伴参与政策科学的建设,这是区分政策科学和当代

"正常"社会科学的重要特征。

（4）政策科学与普通科学一样，主要涉及工具性、规范性知识，即指向手段和中间目标，而不是绝对价值。但政策科学对实现"价值中立的科学"的困难十分敏感，并试图通过探索价值含义、价值一致性、价值成本和价值承诺的行为，为价值选择做出贡献。另外，部分政策科学涉及不同"未来替代选择"的创造，包括它们的价值内容。此外，"有组织的梦想"（包括价值发明）是政策科学部分重要投入（如政策制定系统的重新设计、政策设计和政策分析）的重要组成部分。因此，鼓励和激励有组织的梦想是政策科学的一个课题。政策科学应该打破当代"行为科学"与伦理和价值哲学之间的严格壁垒，建立一种可操作的价值理论（包括价值形态、分类学、测量等，但不是实质性的绝对规范本身）作为政策科学的一部分。

（5）政策科学应该对时间非常敏感，把现在视为"过去和未来之间的桥梁"，因此它尽管拒绝了许多当代社会科学和分析方法中的无历史方法，而是一方面强调历史发展，另一方面强调未来维度，将其作为改进政策制定的核心情境。

（6）政策科学有一个独特的兴趣焦点，即"元政策"（metapolicy），即关于政策的政策。例如，政策制定模式、政策分析、决策系统和政策战略。虽然对政策科学的主要检验标准是通过更有效和高效的政策更好地实现既定目标，但政策科学本身主要不是直接涉及离散的政策问题，而是涉及改进方法、知识和系统，以便更好地制定政策。

（7）政策科学不接受当代许多社会科学的"要么接受要么放弃"的态度，也不认为请愿书签名和类似的"直接行动"介入是对更好的政策制定做出科学贡献的主要形式。它致力于在实际政策制定中提高政策科学的利用率，并培养专业人员在整个社会咨询指导小组中担任政策科学职务。

（8）政策科学探索系统知识和结构化理论对宏观控制系统的设计和运行、有意识的人类和社会自我导向的贡献。但政策科学清楚地认识到非理性（如创造力、"直觉"、魅力和价值判断）和非理性过程（如深度动机）的重要作用。寻找改善这些过程以更好地制定政策的方法是政策科学的一个组成部分。换句话说，政策科学面临着如何通过理性手段改善非理性和非理性过程中的矛盾问题。

经过修正，德洛尔（Dror，1971b：51-54）又将上述八条扩展出14条政策科学需要和期待的主要范式创新。

（1）政策科学主要关心的是对社会方向的理解和改进。

（2）政策科学聚焦于宏观层次，即公共政策制定。

（3）政策科学涉及对传统学科界限的突破，尤其是对行为科学和管理科学。

（4）政策科学要在"纯"和"应用"研究之间架起桥梁。

（5）政策科学接受隐性知识和个人经验作为知识的重要来源。

（6）政策科学共享当代科学主要涉及的工具-规范知识，指向手段和终期目标，而不是绝对价值。

（7）包括价值创造在内的组织化的创造力构成政策科学重要的组成部分。

（8）政策科学应该对时间非常敏感，把现在视为"过去和未来之间的桥梁"。

（9）政策科学对变迁过程和动态情况高度敏感。

（10）政策科学探索系统知识和结构化理性对改进公共政策制定的贡献。

（11）政策科学修正已接受的科学原理和基本方法，并将它们延伸到已接受的科学调查限定之外。

（12）政策科学努力保持自我意识，思考自己的范式、假设、隐性理论、基础结构，并以此作为主题应用于明确的研究和有意识的塑造中。

（13）政策科学不接受当代许多行为科学的"要么接受要么放弃"的态度，而致力于提高在实际政策制定中的效用，并为从事政策科学职业做准备。

（14）政策科学属于科学活动，必须接受可证实性和有效性的基本科学检验。

德洛尔（Dror, 1971a：418-431）乐观地认为，政策科学为改善人类所有制度和习惯中最落后的政策制定和决策提供了希望。它是一个重大的尝试，主张和实现人类事务中理性和理智主义的核心作用，并通过跳跃来提高人类指导其未来的能力。政策科学需要并应该得到它所能得到的一切帮助，首先应包括来自科学界强有力的支持和强烈的个人投入承诺。

德洛尔（Dror, 1971b：28-29、131-135）进一步认为：政策科学是一项科学革命，激励着传统科学进步并产生更多的知识服务于政策活动；政策科学是关于系统知识、结构化的理性和组织化的创造力对改进政策制定有所贡献的一门科学；政策科学要努力发挥智力和理性的作用以影响人类命运、改善人类生存状况和避免灾难。为此，他提出以下三个定律。

德洛尔定律一：当问题中的困难和危险以几何级数增长时，有资格处理这些问题的人的数量却以算术级数增长（Dror, 1971c：2）。

德洛尔定律二：虽然人类塑造环境、社会和人类的能力正在迅速提高，但利用这些能力的政策制定能力却保持不变（Dror, 1971c：2）。

德洛尔定律三：除非公民理解复杂的政策议题和批判性地考虑

政策研究的能力显著提高，否则公民在制定政策中的作用要么减弱，要么导致更糟糕的政策出现（Dror，1971b：108）。

德洛尔提出的这些主要创新范式具有启发性，激励着我们要继续以锐意进取的精神去不断开拓政策科学领地。

四 元政策的含义

德洛尔（Dror，1971b：74-79）的元政策（Metapolicy）是对政策科学的一个重要贡献。他认为，元政策指关于政策的政策，改进元政策的努力往往是利用有限资源的最佳途径，从而产生更好的政策。原因有三点，原文表述如下。

（1）创新性政策建议，包括来自政策分析和其他政策科学层面（如宏大政策）的建议，很少有机会得到认真考虑、采纳、执行和修订，除非政策制定系统为创造、考虑、执行和反馈培育出新能力。还需要大大放宽目前对政策的限制，特别是包括政治和组织限制。需要新的决策模式，而这又要求改变政策制定系统的大多数要素，包括个人、结构、"游戏规则"、装备，尤其重要的可能是"政策制定文化"。

（2）由于不同政策之间的相互依存关系，单个政策的改进效用有限，除非与其他政策的适当调整有协同关系。因此，这就需要在大量政策方面改进政策制定系统的产出，而这又只能通过改变整个政策制定系统的绩效来实现。

（3）一个单一的政策决定，即便是一个重要的政策决定，毕竟只是议题识别、政策制定-资源分配、政策决定、实施、各种形式的反馈、情境改变、议题重新形成等过程中的一个小事件。换句话说，政策制定是一项持续的活动，因此，提高政策制定系统的整体政策制定能力也要比改进任何单一政策都更重要。从成本效益的角度来看，将有限的资源投资于改善政策制定系统，而不是改善单一政策，往往会更有效地产生更好的政策。

改进元政策的三个原因导出三个重要结论，原文表述如下。

（1）由于政策是大量不同类型的组成部分之间复杂的相互作用的产物，因此可以通过组成部分的许多替代变化来实现产出的类似变化。就我们的目的而言，这意味着各种改进的不同组合可能有助于实现政策制定质量的同等变化。这是一个非常有用的结论，因为它允许我们从大量潜在有效的改进中选择那些在不断变化的政治和社会条件下更可行的改进。这种观点也强调了任何寻求改进建议的开放性质在原则上，冒险思维和创造的范围是无限的。

（2）政策制定的系统观中一个不太乐观的含义是，改进必须达到临界质量，才能影响系统的综合产出。达不到相关影响阈值的改进最多只能被其他组成部分的抵消性调整抵消，或者在最坏的情况下，实际上可能会降低总体政策的质量。

（3）政策制定的系统观中乐观的含义是，由于不同系统组成部分之间的相互作用，结合精心选择的控制亚组成部分的变化，有可能达到整个系统产出效果的阈值，每个子组成部分本身都是递增的。换句话说，系统组成中的一系列增量变化，总的来说会导致深远的系统输出变化。由于我们谈论的是政策制定体系的变化，所以政策制定体系中的一系列相对较小且相当渐进的变化很有可能通过乘数效应来实现该系统制定的具体政策的广泛创新。

为了进一步说明"宏大政策"（Megapolicy）的主题，德洛尔特别列举出九个有待研究和改进的尝试性课题，确定可替代的和更可取的元政策，并帮助其在具体的政策制定系统中得以实现，这些都是政策科学的任务之一。

（1）对过去的政策进行系统的评估，以便将来从中学习。

（2）更好地考虑未来。

（3）在政策议题上鼓励创新和发明的方法和手段。

（4）提高以一人为中心的高层决策。

（5）培育政治家。

（6）学校"好公民"和时事学科教学发生根本性变化。

（7）建立多种政策研究组织，研究主要政策议题。

（8）设计社会实验和建立能够从事社会实验的机构（包括重新考虑涉及的伦理问题）。

（9）鼓励"异端邪说"和对禁忌政策议题考虑的体制安排。

五　先进的政策推理

德洛尔认为，多年来在政策规划方面的理论和应用工作使我得出结论，目前可用的预测、规划、政策分析和相关学科、手段和方法包括许多有价值的要素，但作为一个整体是非常不充分的，而且往往具有误导性。事实上，在动荡的环境中，当人们依赖它们来面对真正的困境时，如果认真对待和依赖它们，它们往往会适得其反，而不是给人以启发（Dror，1989a：99－104）。"政策推理"的概念不仅可以作为处理制定政策的规定性方法的基本原理，而且可以以建设性和未来导向的方式提出建议的原则。虽然政策推理的观点并没有达到哲学层次，但无论如何迫切需要在这方面开展工作。为此，德洛尔提出22种先进的政策推理思想（Advanced Policy Reasoning Ideas）——其形式旨在作为评估预测和政策规划现状的标准，并作为改进的指南。这些想法是在国家政策推理的层面上提出的，但也可以通过适当的改变应用于公共决策和私人的各级决策。

（1）宏观政策是主要焦点，包括宏大政策、宏大战略、政策范式和总体国家指令。

（2）政策推理主要的思维框架包括国家的兴衰、革命的成败以及发展努力的成败。

（3）历史思维是一种主要模式。

（4）总体而言，对形势的长期和动态的估计是主要依据，应特别注意下降曲线、转机和意外情况。

（5）仔细考虑与动态和部分响应环境的相互作用，注意所需的净优势。

（6）深入分析是必要的，而不是表面分析。

（7）先进的政策推理朝着连贯和系统的全国视角发展。

（8）识别和聚焦关键选择，包括创造关键选择机会，应特别关注突破性需求和机会。

（9）所有选择均被视为"政策赌注"。

（10）介于数字和定性之间。

（11）技术变革受到特别关注。

（12）政策推理强调复杂性处理，如矛盾的遏制和弥合。

（13）注意保护先进的政策推理免受"动机非理性"和其他决策疾病的影响。

（14）在减少主要实际决策疾病的意义上，政策推理的一个主要贡献是决策过程"调试"。

（15）"超理性"的新观念是政策推理主要的哲学基础。

（16）价值分析和目标搜索构成政策推理的主要维度。

（17）政策推理包括反馈和学习。

（18）创新，包括打破传统，是政策推理的核心。

（19）目标－手段思考作为一个主要的框架，无论是定性的还是定量的。

（20）政策推理应用于特殊决策领域，如危机管理、谈判管理等。

（21）政策推理作为更广泛的社会、文化和政治过程的政策打算和政策思考的有效接口。

（22）影响导向，直接的和间接的，短期的和长期的。

六 政策导向的未来研究

德洛尔（Dror，1970a：3-16）提出"政策导向的未来研究"的概念，总结出"政策导向的未来研究"的15个准则，原文表述如下。

准则1：政策导向的未来研究应该明确地将未来替代选择与当前的决策联系起来。

准则2：政策导向的未来研究应涉及实际或潜在的政策关注事项。

准则3：政策导向的未来研究应进行"瞭望"，即确定因不了解未来发展的可能性而未被承认的重要政策问题。

他在这里插入了一个重要论述，即当涉及一个非常重要的问题时，零假设是非常重要的，显示关注对象的未来替代选择与当前决策完全独立是非常有益的。它应该导致三个结论中的一个，或者两者兼而有之。

第一，积极寻找新的想法和新的知识，这些新思想和新知识可能提供当前决策和未来替代选择之间的联系，从而允许努力影响后者。这可能涉及新的未来替代选择、当前决策和给定的未来替代选择之间的新联系或两者的结合。

第二，通过将由于意识形态、政治或技术原因而被视为超越重置的因素转化为"当前决策"对象的政策工具，扩大"当前决策"的概念。

第三，重新制定我们的政策关注点，以便暂时放弃影响所涉及的未来发展的努力，去适应无法控制的情况。

准则4：政策导向的未来研究应处理关键议题的未来替代选择，即便无法确定未来替代选择与当前决策的关系。

准则5：政策导向的未来研究应致力于探索未来替代选择的价值。

准则6：政策导向的未来研究应该尝试和开发至少在轮廓上涵盖所有社会制度的综合性未来替代选择。

准则7：政策导向的未来研究必须是高质量的，且要容易被认作是高质量的。具备制度化和专业化特征。

准则8：政策导向的未来研究必须易于与决策者沟通，并应满足决策者获取研究结果的需要。

准则9：政策导向的未来研究应根据政策制定的需要调整其方法。第一，"未来替代选择"的方法；第二，关注不同社会机构的不同未来替代选择之间的交叉影响和相互依存关系；第三，强调识别塑造未来的变量；第四，检查影响可作为未来政策工具的变量特性的未来发展；第五，严格的假设说明和谨慎的价值敏感性测试。

准则10：政策导向的未来研究应明确处理政治可行性的未来替代选择。

准则11：政策导向的未来研究需要用简洁的方式呈现研究结果，以供政策制定时使用。

准则12：政策导向的未来研究应作为政策科学的一部分，参与对政策制定系统特征的研究，这些特征是政策制定系统所期望和使用的良好未来研究所必需和充分的。

准则13：特别地，政策导向的未来研究应探索政策制定系统的未来替代选择，并确定相关的塑造未来的变量。

准则14：以政策为导向的未来研究应仔细研究即使是优秀的未来研究的局限性和危险性（如自我实现效应），并作为政策制定的输入，阐明这些局限性和危险性，寻求减少这些局限和危险的方法。

准则15：政策导向的未来研究应高度重视未来研究与政策制定之间的衔接问题，包括政策制定系统的相关特征、政策制定系统与未来研究之间的沟通渠道以及未来研究本身的内容、方法、组织和结构。这项工作应该与作为整体的政策科学密切联系。

德洛尔（Dror，1970a：3－16）指出："这些准则总体上适用于政策导向的未来研究，但不一定适用于每一项研究。这些准则旨在提供启发性的帮助，而不是详细的指导。但希望它们能有助于政策导向的未来研究概念的具体化和操作化。"笔者认为，德洛尔的"政策导向的未来研究"准则为具体政策领域的研究，如经济和社会发展规划编制研究、政策预测等提供了一般性指导，并指明了探索方向。

七　政策赌注的观点和政策科学

在《逆境中的政策制定》一书中，德洛尔（Dror，1986：221－224）提出了"政策赌注"（policy-gambling）的观点。他认为："无论是政策制定还是政策科学都需要哲学知识基础，这两者部分相互独立，部分相互重叠。政策科学必须更多地关注政策科学自身的基本问题，才有机会向前发展。基本假设、哲学知识和政策科学的社会功能都需要重新阐述和重新思考。"由于政策科学与一般社会科学差异过大，就社会科学发展水平来说，依靠社会科学提供思想基础是不合适的，因此，政策科学要注重自身基础的发展。政策赌注思想可以解释并通过政策科学的适当突破来修正和革新政策科学哲学基础以及政策制定哲学基础的必要性和深远意义。

（1）彻底理解概率的概念、历史、与因果的关系、与决策的关系、操作用途是必需的。

（2）实际政策的演变及其后果必须从模糊赌注的视角来考虑，明确考虑相关现实中固有的不确定性、处理这些不确定性的方式以及对实际政策后果的影响。

（3）必须将主要行动者的政策制定行为作为一种"赌注"重新思考。决策心理学最近的相关工作没有被用于政策科学，即便有许多关于不确定性行为的有趣发现。特别地，在面对不确定性时，对人为错误倾向的理解日益加深，这将大大加深对主要政府机构在政策制定上低效或无效的理解，为政策制定的经验理论增加重要的维度。

（4）关于评估的思想需要重新修正以便完全适应政策制定的"赌注观"。在模糊赌注的情况下，从政策制定的结果中不可能得出关于政策制定质量的结论，在类似条件下的类似政策可能会产生与传统政策研究截然不同的后果。

（5）从传统政策研究文献中发展而来的基本决策模式需要重新考虑。因此，"渐进主义"这个概念在模糊赌注的情况下失去了意义——当这样做的时候，可能是最糟糕的赌注选择之一。所谓的战略规划方法在忽视不确定性和无知的挑战方面也相当过时。

（6）转向规定性方法论，在不确定性下"偏好"决策的整个方法库需要重新评估。改进政策赌注的启发式方法，以取代适用范围非常有限的决策分析方法和期望值方法。

（7）调试作为一种改进决策的主要方式出现，减少了处理不确定性的主要错误，并与策略博弈的启发式策略齐头并进。

作为在这些方向上取得进展的基础，支撑政策科学的基本认识论和知识哲学假设需要修正。政策赌注观触及了人类未知的领域，只是政策科学的哲学和思想基础需要重新考虑的一个方面，其他的方面是需要扩展理性的观点，需要一种新的价值论。政策赌注的阐述应该在一定程度上有助于具体化政策科学创新，这些创新是在逆境中满足高质量的政策制定所必需的。

八　政策科学家的价值观指向

在《重新审视公共政策制定》修订版说明中，德洛尔（Dror, 1989b：xix – xxii）提出，考虑到对价值中立政策科学最大近似值的偏好，对不可避免的价值事实的融合建议有六个处理方法，原文表述如下。

（1）研究人员要解释个人价值观，并尽最大努力减少这些价值观对调查结果和专业建议的影响。

（2）具有多种价值观（和文化）的政策科学家处理主要主题和问题的积极沉淀。这并不允许这一要求退化为一种教条，使每一种毫无根据或虚假的观点合法化，而这些观点在科学专业的努力中有权得到平等的考虑。

（3）不断寻找包含和减少价值对发现和建议的影响的方法，如改进的价值分析、多重价值假设、价值敏感性检验，或许心理教育可以帮助研究人员更加意识到价值观（和其他因素）无意识地影响问题的形成、发现和建议。

（4）价值代码，明确地为一些政策科学活动提供价值指南和价值限制，同时也减少价值对调查结果和建议产生的过度影响。

（5）坦率地承认人类努力的局限性，所有的发现和建议都被认为是错误的、可疑的和推测性的。

（6）在政策科学中，认识到个人参与的讹误影响和随之而来的改进需求，以保持临床式关注的立场和批判理性的姿态——也是针对强烈持有的价值观和教条。

德洛尔（Dror，1989b）进而指出，所有绝对价值观的主观基础增加了政策科学家的道德责任，他们不能依靠客观价值观来代替痛苦的个人选择。至少，对于政策科学家来说，不断反思和反省适当的道德准则，尤其是在从事规定性的工作时，是必不可少的。德洛尔提出了一些试探性的原则，原文表述如下。

（1）一个政策科学家应该声明他是在将自己视为一个价值倡导者，还是在努力寻求价值中立的知识。

（2）一个政策科学家不应该帮助"改进"政策制定，因为这种改进在为不道德的价值观服务。

（3）在改进政策制定过程中，政策科学家应该帮助合法的价值判断者改进他们的价值选择，如使他们更加意识到价值问题、价值冲突、隐藏的价值维度、价值后果、替代价值等。政策科学家可以通过支持他所信仰的价值观并提高其对政策的影响来"改善"政策制定。

（4）这同样适用于改进政策制定体系，各种模式和产出价值之间的权衡被解释给合法的价值判断者，并为他所开发或倡导。

（5）政策科学家应该认识到对任何僵化的价值体系、教条或精神正统的完全承诺的腐败效应。即使是作为一个价值倡导者，政策科学家也必须保持一种个人能力，在他努力推进的价值观方面保持一种异端和反传统的能力。无论多么难以实现和维持，参与/超然与热情/怀疑的微妙平衡对于政策科学家来说是至关重要的。作为政策科学家个人哲学的一部分，斯多葛派哲学（Stoicism）的一些元素很值得推荐。

德洛尔提出的价值中立的处理方法和政策科学家应遵循的价值原则，对于保持政策科学研究的客观立场、树立正确的价值观，以及政策科学家的职业伦理建设和哲学思想建设等仍然具有指导意义。

九　计划编制的政策科学观

德洛尔（Dror, 1971c: 102 - 117）认为："计划编制具有多重含义，它至少意味着在结构化理性、系统知识和组织化的创造力的帮助下塑造未来的努力。"遵循"琢面"（Facet）概念，德洛尔（Dror, 1971c）提出计划编制的首要琢面（primary facet）和次级琢面（Secondary Facet），原文表述如下。

首要琢面 A：计划编制过程中的一般环境，包括四个次级琢面。

A_1：构成自然的、人口的、生态的、社会的、文化的、地球物理的、地理经济的等现象的基本环境因素，是计划编制过程的一般背景。

A_2：人力资源、知识和资本等资源对于计划编制过程和计划实施具有潜在的可利用性。

A_3：各种价值观、权力集团和意识形态限制了计划编著过程要考虑的替代方案，就可用于计划执行的方法、为计划编制过程招募必要支持所需的条件、将由计划执行支配的实际资源等而言，计划编织者对这些限制的忽视导致了乌托邦式的、不现实的计划编制。

A_4：计划编制过程中的职权范围，包括为计划编制过程设定的总体目标、背景目标（即不应受到损害的价值观和制度），关于在计划编制过程中使用的工作方法的某些方面的基本指示，等等。

首要琢面 B：计划编制过程中的主题事项，包括九个次级琢面。

B_1：主题事项和计划编制单位的结构性关系。

B_2：主题事项预先确定或有弹性的程度。

B_3：渗透程度。

B_4：计划编制过程中主题事项的意义。

B_5：面向计划编制过程的主题事项的导向。

B_6：主题事项已经被计划编制约束的程度。

B_7：受计划编制过程约束的活动范围。

B_8：与计划编制过程的主题事项相关的人口地域。

B_9：时间跨度。

首要琢面 C：计划编制单位，包括七个次级琢面。

C_1：计划编制单位的基本性质。

C_2：首要或委托的计划编制单位。

C_3：计划编制单位的地位。

C_4：计划编制单位的价值观、信息和特征。

C_5：计划编制单位的资源和手段。

C_6：计划编制单位的工作系统、程序和方法。

C_7：计划编制单位的组织结构。

首要琢面 D：拟达成的计划形式，包括三个次级琢面。

D_1：计划的现实性。

D_2：计划的形式。

D_3：细节程度。

德洛尔（Dror，1971c）还对综合计划编制进行了深入研究，提出了良好的综合计划编制的六个积极特征，原文表述如下。

（1）良好的综合计划编制处理系统问题，这些问题不能用系统指导的其他方法更好地处理，特别是系统自动指导的方法。

（2）良好的综合计划编制限制了可管理范围内的综合程度。

（3）良好的综合计划编制本身要经过成本效益分析，应特别注意高素质人员和时间的机会成本。

（4）良好的综合计划编制将平衡和不平衡视为系统开发有用的中间阶段，并将综合计划编制的平衡限制在经过仔细审查后确定的适当情况下。

（5）良好的综合计划编制旨在最大化地对未来现实产生预期影响的客观期望，使用任何名义上最有用的工具。

（6）良好的综合计划编制是连续的和迭代的，将所有的子阶段视为工具。

德洛尔（Dror，1971c）认为，这六个特征很重要，但并没有穷尽理想的综合计划编制的积极特征。在他看来，作为良好的综合计划编制特征的另外八个优选特征也值得一些详细的关注，原文表述如下。

（1）一方面是政策制定和宏观政策决策，另一方面是操作性的计划编制，而综合计划编制处于两者中间的位置。

（2）综合计划编制是作为计划编制目标的多维度的但可管理的系统。

（3）综合计划编制采用交叉学科的方法。

（4）综合计划编制促进理性成分和超理性成分的高度发展。

（5）综合计划编制对价值判断和价值假设非常敏感。

（6）综合计划编制有更多的政治复杂性。

（7）综合计划编制有理想的现实主义取向。

（8）综合计划编制会促进自我意识、自我评价和持续的自我发展。

总　结

德洛尔行文的最大特点是条理清楚，既有理论也有实际案例。他提出的政策知识（包括隐性知识、超理性知识等）、元政策等概念拓展了政策科学研究领地。他对政策科学范式创新、政策科学的未来研究、计划编制的政策科学观和政策科学家的价值观指向等进行的探察对今后的政策科学研究仍然具有启迪和指导作用。我们应当接续他的这种探索精神，努力把政策科学研究推向新的和更高的阶段。尤其是中国经济社会发展的成功经验，为政策科学提供了新鲜经验和素材。缺少中国元素的政策科学是不完整的。因此，需要中国政策经验的描述、分析、总结和理论化来丰富和完善政策科学。

参考文献

《毛泽东选集》（第三卷）（1991）．人民出版社．

曹江浩（2014）．论中国戏曲表演的程式化．戏剧之家（上半月），(4)．

黄蓉生、丁玉峰（2019）．习近平关于民主集中制重要论述的理论探析．探索，(5)．

李兵（2018）．公共政策治理框架的建构及其在社会服务领域的运用．行政论坛，(1)．

李兵（2021）．政策科学：70年关键成果整合和新方向探察．山东行政学院学报，(1)．

李兵、李邦华、孙文灿（2019）．国家层面养老服务结果框架构建初探．江苏社会科学，(1)．

李兵、庞涛（2018）．国家养老服务质量框架：定义、原理和标准．社科纵横，(2)．

李兵、吴子攀（2019）．政策业绩考核：结果框架构造和结果指标选择探析．中共福建省委党校学报，(2)．

李龙、李慧敏（2017）．政策与法律的互补谐变关系探析．理论与改革，(1)．

马远之（2017）．中国有一套：从"一五"规划到"十三五"规划．

广东人民出版社.

王清军（2018）. 法政策学视角下的生态保护补偿立法问题研究. 法学评论，（4）.

张红（2015）. 论国家政策作为民法法源. 中国社会科学，（12）.

郑石明（2020）. 政策科学的演进逻辑与范式变迁. 政治学研究，（1）.

Achinstein, P. (1983). *The Nature of Explanation.* Oxford: Oxford University Press.

Ackerman, R. and Thompson, V. A. (2017). Meta-reasoning: Monitoring and Control of Thinking and Reasoning. *Trends in Cognitive Sciences*, 21 (8).

Agamben, G. (2009). *The Signature of All Things: On Method.* New York: Zone Books.

Alias, N. and Ismail, A. (2017). The Construct of Policy Leadership: A Conceptual Framework. *International Journal of Academic Research in Business and Social Sciences*, 7 (3).

Almond, G. A. (1990). *A Discipline Divided: Schools and Sects in Political Science.* Newbury Park, CA: Sage.

Anderson, E. (2006). The Epistemology of Democracy. *A Journal of Social Epistemology*, 3 (1-2).

Anderson, J. (1997). Technology Foresight for Competitive Advantage. *Long Range Planning*, 30 (5).

Anderson, J. E., Brady, D. W. & Bullock, C. (1978). *Public Policy and Politics in America.* North Scituate: Duxbury Press.

Anxo, D. and Boulin, J. Y. (2006). The Organisation of Time over the Life Course: European Trends. *European Studies*, 8 (2).

Anyebe, A. A. (2018). An Overview of Approaches to the Study of Public Policy. *International Journal of Political Science*, 4 (1).

Apel, K. O. (1992). The Hermeneutic Dimension of Social Science and Its Normative Foundation. *Man and World*, 25 (3 – 4).

Arabatzis, T. (2006). On the Inextricability of the Context of Discovery and the Context of Justification. In Schickore, J. and Steinle, F. (eds.). *Revisiting Discovery and Justification*. Dordrecht, Netherlands: Springer.

Ascher, W. (1987). Policy Sciences and the Economic Approach in a "Post-positivist" Era. *Policy Sciences*, 20 (1).

Ascher, W. (1986). The Evolution of the Policy Sciences: Understanding the Rise and Avoiding the Fall. *Journal of Policy Analysis and Management*, 5 (2).

Ascher, W. and Hirschfelder-Ascher, B. (2004). Linking Lasswell's Political Psychology and the Policy Sciences. *Policy Sciences*, 37 (1): 23 – 36.

Ascher, W. and Hirschfelder-Ascher, B. (2005). *Revitalizing Political Psychology: The Legacy of Harold D. Lasswell*. Chicago: Psychology Press.

Audi, R. (1982). A Theory of Practical Reasoning. *American Philosophical Quarterly*, 19 (1).

Bachmann, M. (2020). The Epistemology of Understanding. A Contextualist Approach. *Kriterion-Journal of Philosophy*, 34 (1).

Baker, K. and Stoker, G. (2015). *Nuclear Power and Energy Policy: The Limits to Governance*. Basingstoke: Palgrave Macmillan.

Bartels, K. P. R. (2018). Policy as Practice. In Colebatch, H. K. and

Hoppe, R. (eds.). *Handbook on Policy, Process and Governing.* Cheltenham, UK: Edward Elgar.

Barton, W. V. (1969). Toward a Policy Science of Democracy. *The Journal of Politics*, 31 (1).

Batens, D. (1999). Contextual Problem Solving and Adaptive Logics in Creative Processes. *Philosophica*, 64 (2).

Batens, D. (1974). Rationality and Justification. *Philosophica*, 14.

Bauman, Z. (1978). *Hermeneutics and Social Science: Approaches to Understanding.* London: Hutchinson and Co (Publishers) Ltd.

Baum Gartner, F. R., Green-Pedersen, C. and Jones, B. D. (2006). Comparative Studies of Policy Agendas. *Journal of European Public Policy*, 13 (7).

Bealer, G. (1998). Propositions. *Mind*, 107 (425).

Bedke, M. S. (2020). What Normativity Cannot Be. *Journal of Ethics and Social Philosophy*, 18 (2).

Bell, W. (2009). *Foundations of Futures Studies: Volume 1: History, Purposes, and Knowledge.* New Brunswick, NJ: Transaction Publishers.

Bell, W. (1996). What Do We Mean by Futures Studies? In Slaughter, R. A. (ed.). *New Thinking for a New Millennium.* London: Routledge.

Bengson, J. (2017). The Unity of Understanding. In Robert, S. G. (ed.). *Making Sense of the World: New Essays on the Philosophy of Understanding.* New York, NY: Oxford University Press.

Bengtson, V. (2006). Theorizing and Social Gerontology. *International Journal of Ageing and Later Life*, 1 (1).

Bennett, B. C. (2007). Doctrine of Signatures: An Explanation of Medicinal Plant Discovery or Dissemination of Knowledge? *Economic Botany*, 61 (3).

Bevir, M. (2000). The Role of Contexts in Understanding and Explanation. *Human Studies*, 23 (4).

Bevir, M. and Rhodes, R. A. W. (2003). *Interpreting British Governance*. London: Routledge.

Biglan, A. and Hayes, S. (1996). Should theBehavioral Sciences Become More Pragmatic? The Case for Functional Contextualism in Research on Human Behavior. *Journal of Applied and Preventative Psychology*, 5 (1).

Black, T. (2020). Contextualism in Epistemology. In Fieser, J. and Dowden, B. (eds.). *The Internet Encyclopedia of Philosophy*, ISSN 2161-0002, https://iep.utm.edu/contextu/.

Blackwell, R. J. (1980). In Defense of the Context of Discovery. *Revue Internationale de Philosophie/PHILOSOPHY OF SCIENCE: Contemporary Issues/PHILOSOPHIE DE LA SCIENCE: Questions contemporaines*, 34 (131-132).

Béland, D. and Cox, R. H. (2011). *Ideas and Politics in Social Science Research*. New York, NY: Oxford University Press.

Bogenschneider, K. and Corbett, T. J. (2010). *Evidence-based Policymaking: Insights from Policy-minded Researchers and Research-minded Policymakers*. New York: Routledge/Taylor & Francis Group.

Boguslaw, R. (1982). *Systems Analysis and Social Planning: Human Problems of Post-industrial Society*. New York: Irvington Publishers.

Bondy, P. (2018). *Epistemic Rationality and Epistemic Normativity*. New York: Routledge.

Boswell, C. and Smith, K. (2017). Rethinking Policy 'Impact': Four Models of Research-policy Relations. *Palgrave Communications*, 3 (1).

Brady, M. and Pritchard, D. (2005). Epistemological Contextualism: Problems and Prospects. *The Philosophical Quarterly*, 55 (219).

Brendel, E. and Jäger, C. (2004). Contextualist Approaches to Epistemology: Problems and Prospects. *Erkenntnis*, 61 (2-3).

Brent, A. (1975). The Sociology of Knowledge and Epistemology. *British Journal of Educational Studies*, 23 (2).

Bressers, H. T. A. (2004). Implementing Sustainable Development: How to Know What Works, Where, When and How. In Lafferty, W. M. (ed.). *Governance For Sustainable Development: The Challenge Of Adapting Form To Function*. Cheltenham: Edward Elgar.

Brewer, G. D. (1974). The Policy Sciences Emerge: to Nurture and Structure a Discipline. *Policy Sciences*, 5 (3).

Bridgman, P. W. (1950). *Reflections of a Physicist*. New York: Philosophical Library.

Brinkmann, S. (2019). Normativity in Psychology and the Social Sciences: Questions of Universality. In Valsiner, J. (ed.). *Social Philosophy of Science for the Social Sciences*. Cham, Switzerland: Springer.

Bronowski, J. (1958). The Creative Process. *Scientific American*, 199 (3).

Broome, J. (2014). Normativity in Reasoning. *Pacific Philosophical Quarterly*, 95 (4).

Brunner, R. D. (1996). A Milestone in the Policy Sciences. *Policy Sciences*, 29 (1).

Brunner, R. D. (1997). Introduction to the Policy Sciences: Political Science 5076, Fall 1976. *Policy Sciences*, 30 (4).

Brunner, R. D. (1991). The Policy Movement as a Policy Problem. *Policy Sciences*, 24 (1).

Brunner, R. D. (1982). The Policy Sciences as Science. *Policy Sciences*, 15 (2).

Brunner, R. D. (2008). The Policy Scientist of Democracy Revisited. *Policy Sciences*, 41 (1).

Bryson, J. M. and Crosby, B. C. (1992). *Leadership for the Common Good: Tackling Public Problems in a Shared-power World*. San Francisco: Jossey-Bass.

Buchanan, A. (2009). Philosophy and Public Policy: A Role for Social Moral Epistemology. *Journal of Applied Philosophy*, 26 (3).

Bulmer, M. (1984). *The Chicago School of Sociology: Institutionalization, Diversity, and the Rise of Sociological Research*. Chicago: University of Chicago Press.

Burch, H. A. (1996). *Basic Social Policy and Planning: Strategies and Practice Methods*. New York: Routledge.

Cairney, P. (2012). *Understanding Public Policy: Theories and Issues*. New York: Palgrave Macmillan.

Cairney, P. and Weible, C. M. (2017). The New Policy Sciences: Combining the Cognitive Science of Choice, Multiple Theories of Context, and Basic and Applied Analysis. *Policy Sciences*, 50 (4).

Campbell, J. L. and Pedersen, O. K. (2014). *The National Origins of Policy Ideas: Knowledge Regimes in the United States, France, Germany and Denmark*. Princeton: Princeton University Press.

Capano, G. (2009). Understanding Policy Change as an Epistemological and Theoretical Problem. *Journal of Comparative Policy Analysis: Research and Practice*, 11 (1).

Capella, A. C. N. (2016). Agenda-setting Policy: Strategies and Agenda Denial Mechanisms. *Organizações & Sociedade*, 23 (79).

Caplan, N. (1979). The Two Communities Theory and Knowledge Utilization. *American Behavioral Scientist*, 22 (3).

Catron, B. L. and Harmon, M. M. (1981). Action Theory in Practice: Toward Theory without Conspiracy. *Public Administration Review*, 41 (5).

Cetina, K. K. (2014). Intuitionist Theorizing. In Swedberg, R. (ed.). *Theorizing in Social Science: The Context of Discovery*. Stanford, California: Stanford University Press.

Chakraborty, S. (1982). On the Problem of a Theory of Knowledge in Marx. *Social Scientist*, 10 (2).

Chen, X. J., Jia, S. B. and Xiang, Y. (2020). A Review: Knowledge Reasoning over Knowledge Graph. *Expert Systems with Applications*, 141 (6).

Chrastina, J. (2018). Meta-synthesis of Qualitative Studies: Background, Methodology and Applications. https://files.eric.ed.gov/fulltext/ED603222.pdf.

Christensen, W. (2012). Natural Sources of Normativity. *Studies in History and Philosophy of Biological and Biomedical Sciences*, 43 (1).

Cline, K. D. (2000). Defining the Implementation Problem: Organizational Management versus Cooperation. *Journal of Public Administration Research and Theory: J-PART*, 10 (3).

Coates, J. F. (1985). Foresight in Federal Government Policy Making. *Futures Research Quarterly*, 1.

Cobb, R. W. and Elder, C. D. (1971). The Politics of Agenda-building: An Alternative Perspective for Modern Democratic Theory. *The Journal of Politics*, 1971, 33 (4).

Cockerill, K., Daniel, L., Malczynski, L. and Tidwell, V. (2009). A Fresh Look at a Policy Sciences Methodology: Collaborative Modeling for More Effective Policy. *Policy Sciences*, 42 (3).

Cohen, A. I. (2018). Introduction. In Cohen, A. I. (ed.). *Philosophy and Public Policy*. New York: Rowman & Littlefield International Ltd.

Cohen, S. (1998). Contextualist Solutions to Epistemological Problems: Scepticism, Gettier, and the Lottery. *Australasian Journal of Philosophy*, 76 (2).

COHUBICOL (Counting as a Human Being in the Era of Computational Law) (2020). Three Types of Normativity. https://www.cohubicol.com/about/three-types-of-normativity/.

Colebatch, H. K. (2002). *Policy*. Buckingham: Open University Press.

Colebatch, H. K. and Hoppe, R. (eds.) (2018). *Handbook on Policy, Process and Governing*. Cheltenham, UK: Edward Elgar.

Colomy P. (1991). Metatheorizing in a Postpositivist Frame. *Sociological Perspectives*, 34 (3).

Conyers, D. (1982). *An Introduction to Social Planning in the Third World*. Chichester: John Wiley and Sons.

Cooke, M. (2000). Between "Objectivism" and "Contextualism": The Normative Foundations of Social Philosophy. *Critical Horizons*, 1 (2).

Cowie, C. and Greenberg, A. (2018). Constitutivism about Epistemic Normativity. In Kyriacou, C. and McKenna, R. (eds.). *Metaepistemology: Realism and Anti-realism*. London: Palgrave Macmillan.

Côté-Bouchard, C. (2016). Can the Aim of Belief Ground Epistemic Normativity? *Philosophical Studies: An International Journal for Philosophy in the Analytic Tradition*, 173 (12).

Daigneault, Pierre-Marc (2014). Reassessing theConcept of Policy Paradigm: Aligning Ontology and Methodology in Policy Studies. *Journal of European Public Policy*, 21 (3).

Dancy, J. (2018). *Practical Shape: A Theory of Practical Reasoning*. Oxford: Oxford University Press.

Daviter, F. (2015). The Political Use of Knowledge in the Policy Process. *Policy Sciences*, 48 (4).

De Campos, LBSN (2015). Neurath on Context of Discovery *vs* Context of Justification. *Argumentos*, 7 (13).

DeLeon, P. (1988). *Advice and Consent: The Development of the Policy Sciences*. New York: Russell Sage Foundation.

Deleon, P. (1997). *Democracy and the Policy Sciences*. New York: State University of New York Press.

DeLeon, P. (1995). Democratic Values and the Policy Sciences. *American Journal of Political Science*, 39 (4).

DeLeon, P. (1992). The Democratization of the Policy Sciences. *Public Administration Review*, 52 (2).

DeLeon, P. (1994a). Reinventing the Policy Sciences: Three Steps Back to the Future. *Policy Sciences*, 27 (1).

DeLeon, P. and Vogenbeck, D. M. (2007). The Policy Sciences at the Crossroads. In Fischer, F., Miller, G. J. and Sidney, M. S.

(eds.). *Handbook of Public Policy Analysis: Theory, Politics, and Methods*. Boca Raton: CRC/Taylor and Francis.

DeLeon, P. (1994b). The Policy Sciences Redux: New Roads to Post-positivism. *Policy Studies Journal*, 22 (1).

DeLeon, P. (1994c). Democracy and the Policy Sciences: Aspirations and Operations. *Policy Studies Journal*, 22 (2).

Dellsén, F. (2016). Scientific Progress: Knowledge versus Understanding. *Studies in History and Philosophy of Science*, 56.

De Regt, H. W. (2019). From Explanation to Understanding: Normativity Lost? *Journal for General Philosophy of Science*, 50 (3).

De Regt, H. W. (2017). *Understanding Scientific Understanding*. New York: Oxford University Press.

De Regt, H. W., Leonelli, S. and Eigner, K. (2009). Focusing on Scientific Understanding. In de Regt, H. W., Leonelli, S. and Eigner, K. (eds.). *Scientific Understanding: Philosophical Perspectives*. Pittsburgh: University of Pittsburgh Press.

De Rose, K. (1999). Contextualism: An Explanation and Defense. In Greco, J. and Sosa, E. (ed.). *The Blackwell Guide to Epistemology*. Malden, Massachusetts: Blackwell Publishers.

Dery, D. (2000). Agenda Setting and Problem Definition. *Policy Studies*, 21 (1).

Dery, D. (1984). *Problem Definition in Policy Analysis*. Lawrence: University Press of Kansas.

Dilthey, W. and Jameson, F. (1972). The Rise of Hermeneutics. *New Literary History*, 3 (2).

Ding, M. (2014). Symbiotic Theorization. *Customer Needs and Solutions*,

1 (3).

Dittmer, L. (1977). Political Culture and Political Symbolism: Toward a Theoretical Synthesis. *World Politics*, 29 (4).

Dolowitz, D. and Marsh, D. (2000). Learning from Abroad: The Role of Policy Transfer in Contemporary Policy-making. *Governance*, 13 (1).

Domene, J. F., Valach, L. and Young, R. A. (2015). Action in Counseling: A Contextual Action Theory Perspective. In Young, R. A., Domene, J. F. and Valach, L. (eds.). *Counseling and Action: Toward Life-enhancing Work, Relationships, and Identity*. New York: Springer.

Dotson, K. (2018). Accumulating Epistemic Power: A Problem with Epistemology. *Philosophical Topics*, 46 (1).

Dotson, K. (2014). Conceptualizing Epistemic Oppression. *Social Epistemology: A Journal of Knowledge, Culture and Policy*, 28 (2).

Dretske, F. I. (2000). The Pragmatic Dimension of Knowledge. In Dretske, F. I. (ed.). *Perception, Knowledge and Belief: Selected Essays*. Cambridge: Cambridge University Press.

Dror, Y. (1969). Approaches to Policy Sciences. *Science*, 166 (3902).

Dror, Y. (1986). *Policymaking under Adversity*. New Brunswick: Transaction Books.

Dror, Y. (1974). Policy Sciences: Some Global Perspectives. *Policy Sciences*, 5 (1).

Dror, Y. (1968). *Public Policy Making Reexamined*. San Francisco: Chandler Publishing Company.

Dror, Y. (1964). The Barriers Facing Policy Science. *American Behavioral Scientist*, 7 (5).

Dror, Y. (1970a). A Policy Sciences View of Futures Studies. *Technological Forecasting and Social Change*, 2 (1).

Dror, Y. (1989a). Policy Reasoning for Forecasting. *Technological Forecasting and Social Change*, 36 (1-2).

Dror, Y. (1971a). Policy Sciences: Developments and Implications. *Annals of the New York Academy of Sciences*, 184 (1).

Dror, Y. (1971b). *Design for Policy Sciences*. New York: American Elsevier.

Dror, Y. (1970b). Prolegomenon to Policy Sciences. *Policy sciences*, 1 (1).

Dror, Y. (1989b). *Public Policy Making Reexamined*. New Brunswick: Transaction Publishers.

Dror, Y. (1970c). Teaching of Policy Sciences: Design for a University Doctorate Program. *Social Science Information*, 9 (2).

Dror, Y. (1971c). *Ventures in policy sciences*. New York: American Elsevier.

Dryzek, J. (1982). Policy Analysis as Hermeneutic Activity. *Policy Sciences*, 14 (4).

Dryzek, J. S. (1989). Policy Sciences of Democracy. *Polity*, 22 (1).

Dryzek, J. S. and Torgerson, D. (1993). Editorial: Democracy and the Policy Sciences: A Progress Report. *Policy Sciences*, 26 (3).

Dubin, R. (1978). *Theory Building*. New York: Free Press.

Dudina, V. I. (2017). Strategies ofMetatheorizing in Sociology. *Sotsiologicheskie issledovaniya (Sociological Studies)*, 12.

Dunn, W. M. (2018). *Public Policy Analysis: An Integrated Approach*. New York: Taylor & Francis.

Dunn, W. M. (2004). *Public Policy Analysis: An Introduction.* Englewood Cliffs, NJ: Prentice Hall.

Dunn, W. M. (1981). *Public Policy Analysis: An Introduction.* Englewood Cliffs, NJ: Prentice Hall.

Dunn, W. N. (2019). *Pragmatism and the Origins of the Policy Sciences: Rediscovering Lasswell and the Chicago School.* Cambridge: Cambridge University Press.

Dyckman, J. W. (1966). Social Planning, Social Planners, and Planned Societies. *Journal of the American Institute of Planners*, 32 (2).

Dyson, T. (2007). *The Politics of German Defense and Security-policy Leadership and Military Reform in the Post-cold War Era.* Oxford, UK: Berghahn Books.

Edmonds, A. K. (2018). Epistemic Norms and the Normativity of Belief. https://deepblue.lib.umich.edu/bitstream/handle/2027.42/147547/annaedmo_1.pdf? sequence = 1&isAllowed = y.

Edwards, M. G. (2014). Misunderstanding Metatheorizing. *Systems Research and Behavioral Science*, 31 (6).

Edwards M. G. and Kirkham, N. (2013). Situating "Giving Voice to Values": A Metatheoretical Evaluation of a New Approach to Business Ethics. *Journal of Business Ethics*, 121 (3).

Elgin, C. Z. (2007). Understanding and the Facts. *Philosophical Studies*, 132 (1).

Enzmann, R. D. (1969). Aspects of Signature Theory. *Annals of the New York Academy of Sciences*, 163 (1).

Farr, J., Hacker, J. S. and Kazee, N. (2008). Revisiting Lasswell. *Policy Sciences*, 41 (1).

Farr, J., Hacker, J. S. and Kazee, N. (2006). The Policy Scientist of Democracy: The Discipline of Harold D. Lasswell. *The American Political Science Review*, 100 (4).

Fernandez, P. A. (2016). Practical Reasoning: Where the Action Is. *Ethics*, 126 (4).

Ferrara, A. (2002). The Idea of a Social Philosophy. *Constellations*, 9 (3).

Figal, G. (2009). Hermeneutics as Phenomenology. *Journal of the British Society for Phenomenology*, 40 (3).

Finlay, S. (2019). Defining Normativity. In Plunkett, D., Shapiro, S. J. and Toh, K. (eds.). *Dimensions of Normativity*. Oxford: Oxford University Press.

Fischer, F. (1998). Beyond Empiricism: Policy Inquiry in Post Positivist Perspective. *Policy Studies Journal*, 26 (1).

Fischer, F. (2013). Policy Expertise and the Argumentative Turn: Toward a Deliberative Policy-analytic Approach. *Revue Française De Science Politique (English Edition)*, 63 (3 – 4).

Fischer, F. (2003). *Reframing Public Policy: Discursive Politics and Deliberative Practices*. New York: Oxford University Press.

Fischer, F. and Forester, J. (1993). Editors' Introduction. In Fischer, F. and Forester, J. (eds.). *The Argumentative Turn in Policy Analysis and Planning*. Durham, NC: Duke University Press.

Fischer, F. and Gottweis, H. (2012). Introduction: The Argumentative Turn Revisited. In Fischer, F. and Gottweis, H. (eds.). *The Argumentative Turn Revisited: Public Policy as Communicative Practice*. Durham, NC: Duke University Press.

Fischer, G. and Giaccardi, E. (2006). Meta-design: A Framework for the Future of End-user Development. In Lieberman, H., Paternò, F. and Wulf, V. (eds.). *End User Development*. Dordrecht, Netherlands: Springer.

Føllesdal, D. (1979). Hermeneutics and the Hypothetico-deductive Method. *Dialectica*, 33 (3 – 4).

Fook, J. (2002). Theorizing from Practice: Towards an Inclusive Approach for Social Work Research. *Qualitative Social Work*, 1 (1).

FOREN (Foresight for Regional Development Network) (2001). A Practical Guide to Regional Foresight. Institute for Prospective Technological Studies, FOREN Network: Seville, Spain. http://www.foresight.pl/assets/downloads/publications/eur20128en-APracticalGuidetoRegionalForesight2001.pdf.

Foucault, M. (1970). *The Order of Things: An Archaeology of the Human Sciences*. London: Routledge.

Fowler, F. C. (2004). Policy Studies for Educational Leaders: An Introduction. Upper Saddle River, NJ: Pearson Education, Inc.

Franklin, R. L. (1983). On Understanding. *Philosophy and Phenomenological Research*, 43 (3).

Freeman, G. P. (1985). National Styles and Policy Sectors: Explaining Structured Variation. *Journal of Public Policy*, 5 (4).

Freeman, R. and Sturdy, S. (2015). Introduction: Knowledge in Policy-Embodied, Inscribed, Enacted. In Freeman, R. and Sturdy, S. (eds.). *Knowledge in Policy: Embodied, Inscribed, Enacted*. Bristol: Policy Press.

Freese, L. (1980). Formal Theorizing. *Annual Review of Sociology*, 6.

Frega, R. (2014). Between Pragmatism and Critical Theory: Social Philosophy Today. *Human Studies*, 37 (1).

Freitag, W. (2011). Epistemic Contextualism and the Knowability Problem. *Acta Analytica*, 26 (3).

French, W. L. (1978). *The Personnel Management Process.* Boston, MA: Houghton Miflin Company.

Friedman, M. (1974). Explanation and Scientific Understanding. *Journal of Philosophy*, 71 (1).

Friedmann, J. (1967). A Conceptual Model for the Analysis of Planning Behavior. *Administrative Science Quarterly*, 12 (2).

Frohock, F. M. (1979). *Public Policy: Scope and Logic.* Englewood Cliffs, N. J: Prentice-Hall.

Gadamer, Hans-Georg (1994). *Truth and Method.* New York: Continuum.

Gao, J., Gerken, M. and Ryan, S. B. (2017). Does Contextualism Hinge on a Methodological Dispute? In Ichikawa, J. J. (ed.). *The Routledge Handbook of Epistemic Contextualism.* New York, NY: Routledge.

Gauthier, D. (1963). *Practical Reasoning: The Structure and Foundations of Prudential and Moral Arguments and Their Exemplification in Discourse.* Oxford: Clarendon Press.

Giaccardi, E. and Fischer, G. (2008). Creativity and Evolution: A Metadesign Perspective. *Digital Creativity*, 19 (1).

Gifford, E. V. and Hayes, S. C. (1999). FunctionalContextualism: A Pragmatic Philosophy for Behavioral Science. In O'Donohue, W. and Kitchener, R. (eds.). *Handbook of Behaviorism.* San Diego, Calif.: Academic Press.

Gjorgon, N. (2018). Paradigm and Policymaking: A Twofold Relation. *Balkan Social Science Review*, 11.

Gochet, P. (1972). *Outline of a Nominalist Theory of Propositions*. Dordrecht, Holland: D. Reidel Publishing Company.

Godfrey-Smith, P. (2003). *An Introduction to the Philosophy of Science: Theory and Reality*. Chicago: The University of Chicago Press

Goede, R. (2012). The Descriptive Properties of Prescriptive Theories: an Application of Systems Thinking in Data Warehousing. *The Journal for Transdisciplinary Research in Southern Africa*, 8 (2).

Goldman, A. I. (1985). The Relation between Epistemology and Psychology. *Synthese*, 64 (1).

Goodin, R. E., Rein, M. and Moran, M. (2006). The Public and Its Policies. In Goodin, R. E., Rein, M. & Moran, M. (eds.). *The Oxford Handbooks of Public Policy*. Oxford: Oxford University Press.

Gordon, T. J. (1992). The Methods of Futures Research. *The Annals of the American Academy of Political and Social Science*, 522.

Gregor, S. (2002). Design Theory in Information System. *Australasian Journal of Information Systems*, 10 (1).

Gregory, R. (1989). Political Rationality or "Incrementalism"? Charles E. Lindblom's Enduring Contribution to Public Policy Making Theory. *Policy and Politics*, 17 (2).

Grondin, J. (1994). *Introduction to Philosophical Hermeneutics*. New Haven: Yale University Press.

Grover, R. and Glazier, J. (1986). A Conceptual Framework for Theory Building in Library and Information Science. *Library and Information Science Research*, 8 (3).

Guba, E. G. (1984). The Effect of Definitions of "Policy" on the Nature and Outcomes of Policy Analysis. *Educational Leadership*, 42 (2).

Guzman, G. (2015). What Is Practical Knowledge? *Journal of Knowledge Management*, 13 (4).

Hager, P. (2000). Know-how and Workplace Practical Judgement. *Journal of Philosophy of Education*, 34 (2).

Hale, B. (2011). The Methods of Applied Philosophy and the Tools of the Policy Sciences. *International Journal of Applied Philosophy*, 25 (2).

Hall, P. (1990). Policy Paradigms, Experts and the State: The Case of Macro-economic Policy Making in Britain. In Brooks, S. and Gagnon, A. (eds.). *Social Scientists, Policy and the State*. New York, NY: Praeger.

Hall, P. A. (1993). Policy Paradigms, Social Learning and the State: The Case of Economic Policymaking in Britain. *Comparative Politics*, 25 (3).

Hambrick, Ralph S. Jr. (1974). A Guide for the Analysis of Policy Arguments. *Policy Sciences*, 5 (4).

Hammond, M. (2018). An Interesting Paper But Not Sufficiently Theoretical: What Does Theorising in Social Research Look Like? *Methodological Innovations*, 11 (2).

Hanberger, A. (2001). What Is the Policy Problem? Methodological Challenges in Policy Evaluation. *Evaluation*, 7 (1).

Hanson, N. (1958). *Patterns of Discovery: An Inquiry into the Conceptual Foundations of Science*. Cambridge: Cambridge University Press.

Harman, G. (1976). Practical Reasoning. *The Review of Metaphysics*, 29 (3).

Hay, C. (2011). Ideas and the Construction of Interests. In Béland, D. and Cox, R. H. (Eds.). *Ideas and Politics in Social Science Research*. New York, NY: Oxford University Press.

Hayes, S. & Wilson, K. G. (1993). SomeApplied Implications of a Contemporary Behaviour Analytic Account of Verbal Behavior. *The Behaviour Analyst*, 16 (2).

Healy, P. (1986). Interpretive Policy Inquiry: A Response to the Limitations of the Received View. *Policy Sciences*, 19 (4).

Heclo, H. H. (1972). Policy Analysis. *British Journal of Political Science*, 2 (1).

Heelan, P. A. and Schulkin, J. (1998). Hermeneutical Philosophy and Pragmatism: A Philosophy of Science. *Synthese*, 115 (3).

Heller, M. (1999). The Proper Role for Contextualism in an Anti-luck Epistemology. *Noûs*, 33 (13).

Hendrick, R. (1994). A Heuristic Approach to Policy Analysis and the Use of Sensitivity Analysis. *Public Productivity & Management Review*, 18 (1).

Hill, M. and Peter, H. (2006). Analysing Policy Processes as Multiple Governance: Accountability in Social Policy. *Policy & Politics*, 34 (3).

Hilsman, R. (1976). Policy-making Is Politics. In Tropman, J. E., Dluhy, M., Lind, R., Vasey, W. and Croxton, T. A. (eds.). *Strategic Perspectives on Social Policy*. New York: Pergamon Press.

Hirsch, E. D. Jr. (1972). Three Dimensions of Hermeneutics. *New Literary History*, 3 (2).

Hocking, G. M. (1977). The Doctrine of Signatures. *Quarterly Journal of*

Crude Drug Research, 15 (4).

Hodgson, S. M. and Irving, Z. (2007). Policy and Its Exploration. In Hodgson, S. M. and Irving, Z. (eds.). *Policy Reconsidered: Meanings, Politics and Practices*. Bristol: Policy Press.

Hofer, B. K. and Pintrich, P. R. (1997). The Development of Epistemological Theories: Beliefs about Knowledge and Knowing and Their Relation to Learning. *Review of Educational Research*, 67 (1).

Hoggan, C. (2018). The Current State of Transformative Learning Theory: A Metatheory. *Phronesis*, 7 (3).

Hogwood, B. W. and Gunn, L. A. (1984). *Policy Analysis for the Real World*. Oxford: Oxford University Press.

Hogwood, B. W. and Peters, B. G. (1982). The Dynamics of Policy Change: Policy Succession. *Policy Sciences*, 14 (3).

Horn, R. V. (1980). Social Indicators: Meaning, Methods and Applications. *International Journal of Social Economics*, 7 (8).

Horton, J. (1966). Order and Conflict Theories of Social Problems as Competing Ideologies. *American Journal of Sociology*, 51 (6).

Howlett, M., Capano, G. and Ramesh, M. (2021). Governance Styles: Re-thinking Governance and Public Policy. In Howlett, M. & Tosun, J. (eds.). *The Routledge Handbook of Policy Styles*. New York: Routledge.

Howlett, M., Ramesh, M. and Perl, A. (2020). *Studying Public Policy*. Oxford: Oxford University Press.

Howlett, M. and Ramesh, M. (1995). *Studying Public Policy: Policy Cycles and Policy Subsystems*. Toronto: Oxford University Press.

Howlett, M. and Tosun, J. (2021). National Policy Styles in Theory and

Practice. In Howlett, M. and Tosun, J. (eds.). *The Routledge Handbook of Policy Styles*. New York: Routledge.

Howlett, M. and Tosun, J. (eds.) (2019). *Policy Styles and Policy-making*. New York: Routledge.

Hoyningen-Huene, P. (2006). Context of Discovery versus Context of Justification and Thomas Kuhn. In Schickore, J. and Steinle, F. (eds.). *Revisiting Discovery and Justification*. New York: Sringer.

Huberman, A. M. and Miles, M. B. (1994). Data Management and Analysis Methods. In Denzin, N. K. and Lincoln, Y. S. (eds.). *Handbook of Qualitative Research*. Thousand Oaks, CA: Sage.

Hunter, D. J. (2016). Evidence-informed Policy: In Praise of Politics and Political Science. *Public health panorama*, 2 (3).

Illner, M. (1984). On Functional Types of Indicators in Social Planning. *Social Indicators Research*, 14 (3).

Ippoliti, E. (2018). Building Theories: The Heuristic Way. In Danks, D. & Ippoliti, E. (eds.). *Building Theories: Heuristics and Hypotheses in Sciences*. Gewerbestrasse, Cham, Switzerland: Springer.

Israel, J. (1971). The Principle of Methodological Individualism and Marxian Epistemology. *Acta Sociologica*, 14 (3).

Çizgen, G. (2012). Rethinking The Role of Context and Contextualism in Architecture and Design. 2012. http://i-rep.emu.edu.tr:8080/xmlui/bitstream/handle/11129/348/Cizgen.pdf?sequence=1.

Jenkins, R. (2007). The Meaning of Policy/Policy as Meaning. In Hodgson, S. M. and Irving, Z. (eds.). *Policy Reconsidered: Meanings, Politics and Practices*. Bristol: Policy Press.

Jennings, B. (1983). Interpretive Social Science and Policy Analysis//

Callahan, D. and Jennings, B. (eds.). *Ethics, the Social Sciences, and Policy Analysis*. New York: Plenum Press.

Jessop, B. (1998). *The Rise of Governance and the Risk of Failure: The Case of Economic Development*. Oxford, UK: Basil Blackwell.

Jobert, B. (1989). The Normative Frameworks of Public Policy. *Political Studies*, 37 (3).

Johannesson, P. & Perjons, E. (2014). *An Introduction to Design Science*. New York: Springer.

Junior, A. L., de Oliveira, L. C. V. and Kilimnik, Z. M. (2010). Scenario Planning as Learning. *Future Studies Research Journal*, 2 (1).

Kahn, A. J. (1969). *Theory and Practice of Social Planning*. New York: Russell Sage Foundation.

Kaiser, M. I. (2019). Normativity in the Philosophy of Science. *Metaphilosophy*, 50 (1 – 2).

Kaplan, A. (1973). On the Strategy of Social Planning. *Policy Sciences*, 4 (1).

Kaufman-Osborn, T. V. (1985). Pragmatism, Policy Science, and the State. *American Journal of Political Science*, 29 (4).

Kauppinen, A. (2018). Practical Reasoning. In Star, D. (ed.). *The Oxford Handbook of Reasons and Normativity*. Oxford: Oxford University Press.

Kay, A. (2009). Understanding Policy Change as a Hermeneutic Problem. *Journal of Comparative Policy Analysis: Research and Practice*, 11 (1).

Kecskemeti, P. (1952). The "Policy Sciences": Aspiration and Outlook. *World Politics*, 4 (4).

Kedar, A. (2007). Ideal Types as Hermeneutic Concepts. *Journal of the Philosophy of History*, 1 (3).

Keefer, M. W. (1996). Distinguishing Practical and Theoretical Reasoning: A Critique of Deanna Kuhn's Theory of Informal Argument. *Informal Logic*, 18 (1).

Kemerov, V. E. (2014). Perspectives of Social Philosophy. Journal of Siberian Federal University. *Humanities & Social Sciences*, 7.

Kerr, E. T. and Carter, J. A. (2016). Richard Rorty and Epistemic Normativity. *Social Epistemology*, 30 (1).

Khaitan, T. and Steel, S. (2019). Theorising Areas of Law. Available at SSRN: https://ssrn.com/abstract = 3464432 or http://dx.doi.org/10.2139/ssrn.3464432.

Khakee, A. (1988). Relationship between Futures Studies and Planning. *European Journal of Operational Research*, 33 (2).

Khosrowi, D. and Reiss, J. (2019). Evidence-based Policy: The Tension between the Epistemic and the Normative. *Critical Review*, 31 (2).

Kim, J. (1994). Explanatory Knowledge and Metaphysical Dependence. *Philosophical Issues*, 5.

Kitcher, P. (2001). *Science, Truth, and Democracy.* New York: Oxford University Press.

Klockner, K. and Pillay, M. (2019). Theorizing and Theory Building in the Safety Sciences: A Reflective Inquiry. *Safety Science*, 117.

Kooiman, J. and Jentoft, S. (2009). Meta-governance: Values, Norms and Principles, and the Making of Hard Choices. *Public Administration*, 87 (4).

Koontz, H. and O'Donnell, C. (1972). *Principles of Management: An Analysis of Managerial Functions.* New York: McGraw Hill.

Kornblith, H. (1993). Epistemic Normativity. *Synthese*, 94 (3).

Krone, R. M. (1980). *System Analysis and Policy Sciences.* New York: A Wiley-interscience Publication.

Kuhn, T. S. (1996). *The Structure of Scientific Revolutions.* Chicago and London: The University of Chicago Press.

Kukathas, C. (2004). Contextualism Reconsidered: Some Skeptical Reflections. *Ethical Theory and Moral Practice*, 7 (2).

Kulenovic, E. (2014). Political Philosophy and Public Policy: Six Models. *Philosophy and Public Issues*, 4 (3).

Kurzman, C. (1994). Epistemology and the Sociology of Knowledge. *Philosophy of the Social Sciences*, 24 (3).

Kvanvig, J. L. (2003). *The Value of Knowledge and the Pursuit of Understanding.* Cambridge: Cambridge University Press.

Kyriacou, C. (2020). Metaepistemology. In Fieser, J. & Dowden, B. (eds.). *The Internet Encyclopedia of Philosophy*, ISSN 2161-0002, https://iep.utm.edu/meta-epi/.

Lackey, R. T. (2004). Normative Science. *Fisheries*, 29 (7).

Lasswell, H. D. (1971). *A Pre-view of Policy Sciences.* New York: American Elsevier.

Lasswell, H. D. (1968). Policy Sciences. *International Encyclopedia of the Social Sciences*, 12.

Lasswell, H. D. (1956). *The Decision Process: Seven Categories of Functional Analysis.* College Park, MD: University of Maryland Press.

Lasswell, H. D. (1970). The Emerging Conception of the Policy Sciences. *Policy Sciences*, 1 (1).

Lasswell, H. D. (1965). The Emerging Policy Sciences of Development: The Vicos Case. *The American Behavioral Scientist*, 8 (7).

Lasswell, H. D. (1951). The Policy Orientation. In Lerner, D. and Lasswell, H. D. (eds.). *The Policy Sciences: Recent Developments in Scope and Method*. Palo Alto, CA: Stanford University Press.

Lasswell, H. D., Brunner, R. D. and Willard, A. R. (2003). On the Policy Sciences in 1943. *Policy Sciences*, 36 (1).

Lasswell, H. D. (1943a). *Memorandum: Personal Policy Objectives (October 1)*. Archived Sterling Library, Yale University, New Haven, CT.

Lasswell, H. D. (1943b). *Proposal: The Institute of Policy Sciences (October 1)*. Archived Sterling Library, Yale University, New Haven, CT.

Laurent, G. (2000). What Does "Understanding" Mean? *Nature Neuroscience*, 3.

La Wall, C. H. (1927). *Four Thousand Years of Pharmacy*. Philadelphia: J. B. Lippincott Company.

Lazarsfeld, Paul F. (1975). The Policy Science Movement (An Outsider's View). *Policy Sciences*, 6 (3).

Le Bihan, S. (2017). Enlightening Falsehoods: A Modal View of Scientific Understanding. In Grimm, S. R., Baumberger, C. and Ammon, S. (eds.). *Explaining Understanding: New Perspectives from Epistemology and Philosophy of Science*. New York: Routledge.

Lee, H. E. (1972). Obstacles to the Accumulation of Knowledge in the Social Sciences. *Synthese*, 24 (3/4).

Leisering, L. and Leibfried, S. (1999). *Time and Poverty in Western Welfare States. United Germany in Perspective*. Cambridge: Cambridge

University Press.

Lemos, N. (2007). *An Introduction to the Theory of Knowledge.* Cambridge: Cambridge University Press.

Lerner, D. and Lasswell, H. D. (eds.) (1951). *The Policy Sciences: Recent Developments in Scope and Method.* Palo Alto, CA: Stanford University Press.

Levin, P. (1997). *Making Social Policy: The Mechanisms of Government and Politics and How to Investigate Them.* Buckingham: Open University Press.

Levitt, L. (1979). Social Planning as a Political Process. *Journal of Jewish Communal Service*, 56 (1).

Lewin, A. Y. and Shakun M. F. (1976). *Policy Sciences: Methodologies and Case.* New York: Pergamon Press Inc.

Lewis, W. (1944). The Structure of Social Planning. *Social Forces*, 22 (4).

Lægaard, S. (2020). A Variety of Contexts in Contextualism as a Method in Political Philosophy. https://rucforsk.ruc.dk/ws/portalfiles/portal/68346818/Laegaard_A_Variety_of_Contexts_in_Contextualism_as_a_Method_in_Political_Philosophy.pdf.

Lindblom, C. E. and Woodhouse, E. J. (1993). *The Policy-making Process.* Upper Saddle River, NJ: Prentice Hall.

Lipton, P. (2009). Understanding without Explanation. In de Regt, H. W., Leonelli, S. & Eigner, K. (eds.). *Scientific Understanding: Philosophical Perspectives.* Pittsburgh: University of Pittsburgh Press.

Little, D. (2020). *A New Social Ontology of Government: Consent, Coordination, and Authority.* Cham, Switzerland: Palgrave Macmillan.

Lombrozo, T. and Wilkenfeld, D. (2019). Mechanistic versus Functional Understanding. In Grimm, S. R. (ed.). *Varieties of Understanding: New Perspectives from Philosophy, Psychology, and Theology*. New York: Oxford University Press.

Lowi, T. J. (1964). American Business, Public Policy, Case Studies, and Political Theory. *World Politics*, 16 (4).

Lowi, T. J. (1972). Four Systems of Policy, Politics, and Choice. *Public Administration Review*, 33 (4).

Lynn, L. E. Jr. (1987). *Managing Public Policy*. Boston, MA: Little, Brown & Company.

MacNulty, C. A. R. (1977). Scenario Development for Corporate Planning. *Future*, 9 (2).

Maffie, J. (1990). Naturalism and the Normativity of Epistemology. *Philosophical Studies: An International Journal for Philosophy in the Analytic Tradition*, 59 (3).

Majone, G. (1989). *Evidence, Argument, and Persuasion in the Policy Process*. New Haven: Yale University Press.

Manicas, P. T. (2006). *A Realist Philosophy of Social Science: Explanation and Understanding*. Cambridge: Cambridge University Press.

Manicas, P. T. (2008). Explanation, Understanding and Typical Action. *Journal for the Theory of Social Behaviour*, 27 (2 – 3).

Mann, S. and Schweiger, J. (2009). Using the Objective Hermeneutics Method in Policy Evaluation. *Evaluation*, 15 (4).

Mannermaa, M. (1986). Futures Research and Social Decision Making: Alternative Futures as a Case Study. *Futures*, 18 (5).

Manzer, R. (1984). Public Policy-making as Practical Reasoning. *Cana-*

dian *Journal of Political Science/Revue Canadienne de Science Politique*, 17 (3).

Martin, R. (1990). G. H. von Wright on Explanation and Understanding: An Appraisal. *History and Theory*, 29 (2).

Mason, J. (2002). *Qualitative Researching*. London: Sage.

Mayer, R. R. (1972). *Social Planning and Social Change*. Englewood Cliffs: Prentice-Hall.

McCain, K. (2015). Explanation and the Nature of Scientific Knowledge. *Science and Education*, 24 (7–8).

McKenna, R. (2015). Contextualism in Epistemology. *Analysis*, 75 (3).

Melandri, E. (1967). Michel Foucault: L'epistemologia Delle Scienze Umane. *Lingua e stile*, 2 (1).

Mets, A. (2018). Normativity of Scientific Laws (I): Two Kinds of Normativity. *Problemos*, 93.

Midgley, J. and Piachaud, D. (1984a). Introduction. In Midgley, J. and Piachaud, D. (eds). *The Fields and Methods of Social Planning*. London: Heinemann Educational.

Midgley, J. and Piachaud, D. (1984b). Social Indicators and Social Planning. In Midgley, J. and Piachaud, D. (eds). *The Fields and Methods of Social Planning*. London: Heinemann Educational.

Mintzberg, H. (1977). Policy as a Field of Management Theory. *The Academy of Management Review*, 2 (1).

Miyakawa, T. (2000). Forecasting in Policy Analysis: Introduction. In Miyakawa, T. (ed.). *The Science of Public Policy: Essential Reading in Policy Sciences* II. London: Routledge.

Mkandawire, T. (2001). Social Policy in a Development Context. Geneva:

United Nations Research Institute for Social Development (UNRISD).

Modood, T. and Thompson, S. (2018). Revisiting Contextualism in Political Theory: Putting Principles into Context. *Res Publica*, 24 (3).

Mooketsi, B. E. and Chigona, W. (2016). The Impact of Contextual Factors on the Implementation of Government E-strategy in Previously Disadvantaged Areas in Cape Town. *Electronic Journal of Information Systems in Developing Countries*, 73 (1).

Morales, J. A. and Delgado, M. M. (2016). The Discovery/Justification Context Dichotomy within Formal and Computational Models of Scientific Theories: A Weakening of the Distinction Based on the Perspective of Non-monotonic Logics. *Journal of Applied Non-classical Logics*, 26 (4).

Morkuniene, J. (2004). *Social Philosophy: Paradigm of Contemporary thinking*. Washington, D. C.: Council for Research in Values and Philosophy.

Morçöl, G. (2012). *A Complexity Theory for Public Policy*. New York: Routledge.

Morse, J. M. (1994). "Emerging From the Data": The Cognitive Processes of Analysis in Qualitative Inquiry. In Morse, J. M. (ed.). *Critical Issues in Qualitative Research Methods* (pp. 23 – 43). London: Sage.

Moser, P. K. (1987). Propositional Knowledge. *Philosophical Studies: An International Journal for Philosophy in the Analytic Tradition*, 52 (1).

Mukherjee, I. and Howlett, M. (2016). An Asian Perspective on Policy

Instruments: Policy Styles, Governance Modes and Critical Capacity Challenges. *Asia Pacific Journal of Public Administration*, 38 (1).

Murdick, R. G. and Georgoff, D. M. (1993). Forecasting: A Systems Approach. *Technological Forecasting and Social Change*, 44 (1).

Murray, J. B. and Evers, D. J. (1989). Theory Borrowing and Reflectivity in Interdisciplinary Fields. *Advances in Consumer Research*, 16 (1).

Myers, D. and Kitsuse, A. (2000). Constructing the Future in Planning: A Survey of Theories and Tools. *Journal of Planning Education and Research*, 19 (3).

Nickerson, R. (1985). UnderstandingUnderstanding. *American Journal of Education*, 93 (1).

Nickles, T. (2006). Heuristic Appraisal and Context of Discovery Or Justification. In Schickore, J. and Steinle, F. (eds.). *Revisiting Discovery and Justification*. Dordrecht, Netherlands: Springer.

Nicolaidis, N. G. (1960). *Policy-decision and Organization Theory*. Ann Arbor: ProQuest.

Nikitina, S. (2006). Three Strategies for Interdisciplinary Teaching: Contextualizing, Conceptualizing, and Problem-centring. *Journal of Curriculum Studies*, 38 (3).

Nodoushani, O. (1999). Systems Thinking and Management Epistemology. *Systemic Practice and Action Research*, 12 (6).

Nussbaum, M. C. (2001). Public Philosophy and International Feminism. In Ragland, C. P. and Heidt, S. (eds.). *What Is Philosophy?*. New Haven and London: Yale University.

Ockham, W. (1980). *Ockham's Theory of Propositions: Part II of the*

Summa Logicae. South Bend, Indiana: St. Augustine's Press.

O'Connor, M. K. and Netting, F. E. (2011). *Analyzing Social Policy: Multiple Perspectives for Critically Understanding and Evaluating Policy*. Hoboken, N. J.: Wiley.

Odum, H. W. (1934). The Case for Regional-national Social Planning. *Social Forces*, 13 (1).

OECD (2019). Strategic Foresight for Better Policies: Building Effective Governance in the Face of Uncertain Futures. https://www.oecd.org/strategic-foresight/ourwork/Strategic%20Foresight%20for%20Better%20Policies.pdf.

Oesterle, J. A. (1958). Theoretical and Practical Knowledge. *A Speculative Quarterly Review*, 21 (2).

O'Neill, O. (1996). Introduction. In O'Neill, O. (ed.). *The Sources of Normativity*. Cambridge: Cambridge University Press.

O'Sullivan, D. (1993). The Concept of Policy Paradigm: Elaboration and Illumination. *The Journal of Educational Thought/ Revue de la Pensée Éducative*, 27 (3).

Owens, D. (2013). Value and Epistemic Normativity. *Teorema: Revista Internacional de Filosofía*, 32 (3).

Ozberhan, H. (1969). Toward a General Theory of Planning. In Jantsch, E. (ed.). *Perspectives of Planning*. Paris: Organisation for Economic Cooperation and Development. Washington D. C.: OECD Publications Center.

Pagan, A. and Robertson, J. (2002). Forecasting for Policy. In Clements, M. P. and Hendry, D. F. (eds.). *A Companion to Economic Forecasting*. Oxford: Blackwell Publishing Ltd.

Page, E. C. (2018). Whatever Governments Choose to Do or Not to Do. In Colebatch, H. K. and Hoppe, R. (eds.). *Handbook on Policy, Process and Governing*. Cheltenham: Edward Elgar.

Painter, M. (2002). Making Sense of Good Governance. *Public Administration and Policy*, 11 (2).

Paris, D. and Reynolds, J. (1983). *The Logic of Policy Inquiry*. New York: Longman.

Parsons, W. (2004). NotJust Steering but Weaving: Relevant Knowledge and the Craft of Building Policy Capacity and Coherence. *Australian Journal of Public Administration*, 63 (1).

Paterson, M. and Higgs, J. (2005). Using Hermeneutics as a Qualitative Research Approach in Professional Practice. *The Qualitative Report*, 10 (2).

Pawar, B. S. (2009). *Theory Building for Hypothesis Specification in Organizational Studies*. Thousand Oaks, California: Response Books Business books from SAGE.

Payne, P. (2002). Post-metatheorizing Environmental Behaviours in Environmental Education. *Environmental Education Research*, 8 (3).

Perkins, D. N. and Blythe, T. (1994). PuttingUnderstanding up front. *Educational Leadership*, 51 (5).

Pfiffner, J. M. (1960). Administrative Rationality. *Public Administration Review*, 20 (3).

Piekarski, M. (2019). Normativity of Predictions: A New Research Perspective. *Frontiers in Psychology*, 10: 1710. https://www.ncbi.nlm.nih.gov/pmc/articles/PMC6664069/.

Pitt, J. C. (1988). *Theories of Explanation*. Oxford: Oxford University

Press.

Polanyi, M. (1966). *The Tacit Dimension*. London: The University of Chicago Press.

Pollitt, C. (2013). Context: What Kind of Missing Link? In Pollitt, C. (ed.). *Contexts in Public Policy and Management: The Missing Link?*. Cheltenham, UK: Edward Elgar.

Pollock, J. L. (1987). Epistemic Norms. *Synthese*, 71 (1).

Poon, J. P. H., Button, K. and Nijkamp, P. (2006). Introduction Social Planning History: Scoping the Scene. In Poon J. P. H., Button, K. & Nijkamp, P. (eds.). *Social Planning*. Cheltenham: Edward Elgar.

Preyer, G. and Peter, G. (2005). Introduction: The Limits of Contextualism. In Preyer, G. and Peter, G. (eds.). *Contextualism in Philosophy Knowledge, Meaning, and Truth*. Oxford: Oxford University Press.

Priddy, R. C. (1999). Theory of Understanding-The Philosophy of Knowledge and Universal Values: On the Nature of Human Understanding and Regeneration of Its Inherent Values. http://robertpriddy.com/bey/1.html.

Primm, S. A. and Clark, T. W. (1996). The Greater Yellowstone Policy Debate: What Is the Policy Problem? *Policy Sciences*, 29 (2).

Pusic, E. (1981). Social Planning, Social Policy, and Political Change. *Social Service Review*, 55 (3).

Quade, E. S. (1970). Why Policy Sciences? *Policy Sciences*, 1 (1).

Radnor, M. (1971). Management Sciences and Policy Sciences. *Policy Sciences*, 2 (4).

Raelin, J. A. (2007). Toward an Epistemology of Practice. *Academy of*

Management Learning and Education, 6 (4).

Railton, P. (2019). "We'll see you in court!": The Rule of Law as an Explanatory and Normative Kind. In Plunkett, D., Shapiro, S. J. and Toh, K. (eds.). *Dimensions of Normativity*. Oxford: Oxford University Press.

Raipa, A. (2002). Public Policy and Public Administration: Development, Structure and Reciprocity. *Public Policy and Administration*, 1 (1).

Reade, E. (1983). If Planning isAnything, Maybe It Can Be Identified. *Urban Studies*, 20 (2).

Reed, I. A. and Zald, M. N. (2014). The Unsettlement of Communities of Inquiry. In Swedberg, R. (ed.). *Theorizing in Social Science: the Context of Discovery*. Stanford, California: Stanford University Press.

Reichenbach, H. (1951): *The Rise of Scientific Philosophy*. Berkeley and Los Angeles: University of California Press.

Reichenbach, H. (1938). *Experience and Prediction: An Analysis of the Foundations and the Structure of Knowledge*. Chicago, Ill.: University of Chicago Press.

Reisner, A. (2018). Two Theses about the Distinctness of Practical and Theoretical Normativity. In McHugh, C., Way, J. & Whiting, D. (eds.). *Normativity: Epistemic and Practical*. Oxford: Oxford University Press.

Renić, D. (2010). The Debate on Epistemic and Ethical Normativity. *Disputatio Philosophica: International Journal on Philosophy and Religion*, 12 (1).

Rennie, D. L. (2000). Grounded Theory Methodology as Methodical Hermeneutics: Reconciling Realism and Relativism. *Theory & Psychology*, 10 (4).

Rescher, N. (2003). *Epistemology: An Introduction to the Theory of Knowledge*. New York: State University of New York Press, Albany.

Rescher, N. (2007). *Interpreting Philosophy: The Elements of Philosophical Hermeneutics*. Frankfurt: Ontos Verlag.

Reynolds, J. F. (1975). Policy Science: A Conceptual and Methodological Analysis. *Policy Sciences*, 6 (1).

Rice, S. A. and Lasswell, H. D. (eds.) (1931). *Methods in the Social Sciences: A Case Book*. Chicago: University of Chicago Press.

Richardson, F. C. and Fowers, B. J. (1998). Interpretive Social Science: An Overview. *American Behavioral Scientist*, 41 (4).

Richardson, J. (2018). *British Policy-making and the Need for a Post-Brexit Policy Style*. London: Palgrave Pivot.

Richardson, J. and Gustafsson, G. (1982). The Concept of Policy Style. In Richardson, J. (ed.). *Policy Styles in Western Europe*. London: Allen and Unwin.

Rickman, H. P. (1990). Science and Hermeneutics. *Philosophy of the Social Sciences*, 20 (3).

Ricoeur, P. (1978). The Task of Hermeneutics. In Murray, M. (ed.). Heidegger and Modern Philosophy: Critical Essays. New Haven, CT/London: Yale University Press.

Rieber, S. (1998). Skepticism and Contrastive Explanation. *Noûs*, 32 (2).

Ritzer, G. (2001). *Explorations in Social Theory*. London: Sage.

Ritzer, G. (1991). *Metatheorizing in Sociology*. Lexington, Mass.: Lexington Books.

Ritzer, G. (1990). Metatheorizing in Sociology. *Sociological Forum*, 5 (1).

Ritzer, G. and Zhao, S. Y. and Murphy, J. (2001). Metatheorizing in Sociology: The Basic Parameters and the Potential Contributions of Postmodernism. In Turner, J. H. (ed.). *Handbook of Sociological Theory*. New York: Springer.

Roberge, J. (2011). What Is Critical Hermeneutics? *Thesis Eleven*, 106 (1).

Robinson, N. J. (2016). The Necessity of Social Philosophy. https://papers.ssrn.com/sol3/papers.cfm? abstract_id = 2847526.

Rochefort D. A. (2007). Agenda Setting. In Berman, E. M. and Rabin, J. (eds.). *Encyclopedia of Public Administration and Public Policy*. New York: Taylor & Francis.

Roe, E. (1994). *Narrative Policy Analysis: Theory and Practice*. Durham and London: Duke University Press.

Roney, C. W. (2010). Intersections of Strategic Planning and Futures Studies: Methodological Complementarities. *Journal of Futures Studies*, 15 (2).

Rose, R. (1993). *Lesson-drawing in Public Policy*. Chatham NJ: Chatham House.

Rosnow, R. L. (1986). The Spirit of Contextualism. In Rosnow, R. and Georgoudi, M. (eds.). *Contextualism and Understanding in Behavioral Science: Implications for Research and Theory*. New York: Praeger: 3 - 22.

Rothenberger, L. T., Auer, C. and Pratt, C. B. (2017). Theoretical

Approaches to Normativity in Communication Research. *Communication Theory*, 27 (2).

Rueschemeyer, D. (2006). Why and How Ideas Matter. In Goodin, R. and Tilly, C. (eds.). *The Oxford Handbook of Contextual Political Science*. Oxford: Oxford University Press.

Rylande, A. (2009). Design Thinking as Knowledge Work: Epistemological Foundations and Practical Implication. *Design Management Journal*, 4 (1).

Rytina, J. H. and Loomis, C. P. (1970). Marxist Dialectic and Pragmatism: Power as Knowledge. *American Sociological Review*, 35 (2).

Sabbagh, M. R. G. (2020). Examining the Relationship between "Science" and "Religion" in the Socio-cultural Context of the Renaissance: A Kuhnian Reading of Bacon's New Atlantis. *International Journal of Society, Culture and Language*, 8 (1).

Saleh, M., Agami, N., Omran, A. and El-Shishiny, H. (2008). A Survey on Futures Studies Methods. INFOS2008, March 27 – 29, 2008 Cairo-Egypt. https://citeseerx.ist.psu.edu/viewdoc/download?doi = 10.1.1.631.201&rep = rep1&type = pdf.

Salmon, W. (1998). *Causality and Explanation*. New York: Oxford University Press.

Satne, G. (2015). The Social Roots of Normativity. *Phenomenology and the Cognitive Sciences*, 14 (4).

Sayer, P. (2019). A New Epistemology of Evidence-based Policy. *Policy and Politics*, 48 (2).

Schaffer, B. (1970). Social Planning as Administrative Decision-making. *The Journal of Development Studies*, 6 (4).

Scheffler, I. (1967). *Science and Subjectivity*. Indianapolis: The Bobbs-Merrill.

Schickore, J. (2014). Scientific Discovery. In Zalta, E. N. (ed.). *Stanford Encyclopedia of Philosophy*. First Published Thu Mar 6, 2014; Substantive Revision Tue Jun 5, 2018. https://plato.stanford.edu/entries/scientific-discovery/.

Schmidt, L. K. (2006). *Understanding Hermeneutics*. Durham: Acumen Publishing Limited.

Schmidt, M. F. H. and Rakoczy, H. (2018). Developing an Understanding of Normativity. In Newen, A., Bruin, L. D. and Gallagher, S. (eds.). *The Oxford Handbook of 4E Cognition*. Oxford: Oxford University Press.

Schneider, A. L. and Ingram, H. (1997). *Policy Design for Democracy*. Lawrence: University Press of Kansas.

Scott-Baumann, A. (2003). Reconstructive Hermeneutical Philosophy: Return Ticket to the Human Condition. *Philosophy and Social Criticism*, 29 (5).

Scribner, S. (1986). Thinking in Action: Some Characteristics of Practical Thought. In Sternberg, R. and Wagner, R. (eds.). *Practical Intelligence: Nature and Origins of Competence in the Everyday World*. Cambridge: Cambridge University Press.

Sedlačko, M. (2018). Policy as Ordering through Documents. In Colebatch, H. K. and Hoppe, R. (eds.). *Handbook on Policy, Process and Governing*. Cheltenham: Edward Elgar.

Seebohm, T. M. (2004). *Hermeneutics. Method and Methodology*. Dordrecht: Kluwer Academic Publishers.

Setiya, K. (2017). *Practical Knowledge: Selected Essays*. Oxford: Oxford University Press.

Shalin, D. N. (2007). Signing in the Flesh: Notes on Pragmatist Hermeneutics. *Sociological Theory*, 25 (3).

Shams, Z. (2015). Normative Practical Reasoning: An Argumentation-based Approach. In Yang, Q. and Wooldridge, M. (eds.). *Proceedings of the Twenty-fourth International Joint Conference on Artificial Intelligence*. Palo Alto, California USA: International Joint Conferences on Artificial Intelligence.

Shani, M. (1974). Futures Studies versus Planning. *Omega*, 2 (5).

Shepherd, D. A. and Suddaby, R. (2017). TheoryBuilding: A Review and Integration. *Journal of Management*, 43 (1).

Shepherd, D. A. and Sutcliffe, K. M. (2011). Inductive Top-down Theorizing: A Source of New Theories of Organisation. *The Academy of Management Review*, 36 (2).

Skirbekk, G. (2020). Why Vitskapsteori? Centre for the Study of the Sciences and the Humanities. https://www.uib.no/en/svt/21651/history-centre.

Skocpol, T. (1996). The Politics of American Social Policy, Past and Future. In Fuchs, V. R. (ed.). *Individual and Social Responsibility: Child Care, Education, Medical Care, and Long-term Care in America*. Chicago: University of Chicago Press.

Skocpol, T. and Amenta, E. (1986). States and Social Policies. *Annual Review of Sociology*, 12.

Smirnov, A. (1975). Urgent Problems of Social Planning. *Problems in Economics*, 18 (8).

Smith, J. A., Flowers, P. and Larkin, M. (2009). *Interpretative Phenomenological Analysis: Theory, Method and Research.* London: Sage.

Smith, N. J. J. (2016). A Theory of Propositions. *Logic and Logical Philosophy*, 25 (1).

Sorokin, P. A. (1936). Is Accurate Social Planning Possible? *American Sociological Review*, 1 (1).

Sosa, E. (2007). *A Virtue Epistemology: Apt Belief and Reflective Knowledge*, vol. 1. Oxford: Clarendon Press.

Spicker, P. (2006). *Policy Analysis for Practice: Applying Social Policy.* Bristol: The Policy Press.

Spielthenner, G. (2007). A Logic of Practical Reasoning. *Acta Analytica*, 22 (2).

Sørensen, E. (2006). Metagovernance The Changing Role of Politicians in Processes of Democratic Governance. *American Review of Public Administration*, 36 (1).

Sørensen, E. and Torfing, J. (2009). Making Governance Networks Effective and Democratic through Metagovernance. *Public Administration*, 87 (2).

Sternberg, R. J. and Lubart, T. (1996). Investing in Creativity. *American Psychologist*, 51 (7).

Stillman, T. (2003). Introduction: Metatheorizing Contemporary Social Theorists. In Ritzer, G. (ed.). *The Blackwell Companion to Major Contemporary Social Theorists.* Malden, MA.: Blackwell Publishing Ltd.

Stoker, R. P. (1991). *Reluctant Partners: Implementing Federal Policy.* Pittsburgh: University of Pittsburgh Press.

Stone, D. (2002). *Policy Paradox: The Art of Political Decision Making*. New York: W. W. Norton & Company.

Stout, R. (2019). Practical Reasoning and Practical Knowledge. *Canadian Journal of Philosophy*, 49 (4).

Strand, R. (2019). Vitenskapsteori: What, Why, and How? In Valsiner, J. (ed.). *Social Philosophy of Science for the Social Sciences*. Cham, Switzerland: Springer.

Strang, D. and Meyer, J. W. (1993). InstitutionalConditions for Diffusion. *Theory and Society*, 22 (4).

Strauss, A. and Corbin, J. (1998). *Basics of Qualitative Research*. London: Sage.

Strevens, M. (2013). No Understanding without Explanation. *Studies in History and Philosophy of Science*, 44 (3).

Stroud, B. (2001). What Is Philosophy? In Ragland, C. P. & Heidt, S. (eds.). *What Is Philosophy?*. New Haven and London: Yale University.

Sturm, T. & Gigerenzer, G. (2006). How Can We Use the Distinction between Discovery and Justification? On the Weaknesses of the Strong Programme in the Sociology of Science. In Schickore, J. & Steinle, F. (eds.). *Revisiting Discovery and Justification*. Dordrecht, Netherlands: Springer.

Swedberg, R. (2016). BeforeTheory Comes Theorizing or How to Make Social Science More Interesting. *The British Journal of Sociology*, 67 (1).

Swedberg, R. (2012). Theorizing inSociology and Social Science: Turning to the Context of Discovery. *Theory and Society*, 41 (1).

Swedberg, R. (2014a). Preface. In Swedberg, R. (ed.). *Theorizing in Social Science: The Context of Discovery*. Stanford, California: Stanford University Press.

Swedberg, R. (2014b). From Theory to Theorizing. In Swedberg, R. (ed.). *Theorizing in Social Science: The Context of Discovery*. Stanford, California: Stanford University Press.

Swinkels, M. (2020). How Ideas Matter in Public Policy: A Review of Concepts, Mechanisms, and Methods. *International Review of Public Policy*, 2 (3).

Szpilko, D. (2020). Foresight as a Tool for the Planning and Implementation of Visions for Smart City Development. *Energies*, 13 (7).

Teichert, D. (2020). Hermeneutics: Polity, Politics, and Political Theory in Gadamer's Philosophical Hermeneutics. Teoria Polityki, 4 (S): 123 – 138. https://www.ejournals.eu/TP/2020/Nr-4/art/16605.

Tennis, J. T. (2008). Epistemology, Theory, and Methodology in Knowledge Organization: Toward a Classification, Metatheory, and Research Framework. *Knowledge Organization*, 35 (2 – 3).

Therborn, G. (2002). Back to Norms! On the Scope and Dynamics of Norms and Normative Action. *Current Sociology*, 50 (6).

Thiselton, A. C. (2009). *Hermeneutics: An Introduction*. Grand Rapids, Michigan: William B. Eerdmans Publishing Company.

Thomason, R. H. (1993). Towards a Logical Theory of Practical Reasoning. https://www.aaai.org/Papers/Symposia/Spring/1993/SS – 93 – 05/SS93 – 05 – 017.pdf.

Thompson, D. (1985). Philosophy and Policy. *Philosophy and Public Affairs*, 14 (2).

Tilly, C. and Goodin, R. E. (2006). It Depends. In Goodin, R. E. and Tilly, C. (eds.). *The Oxford Handbook of Contextual Political Analysis*. Oxford: Oxford University Press.

Titmuss, R. M. (1974). *Social Policy*. London: George Allen and Unwin.

Torgerson, D. (1985). Contextual Orientation in Policy Analysis: The Contribution of Harold D. Lasswell. *Policy Sciences*, 18 (3).

Torgerson, D. (1986). Interpretive Policy Inquiry: A Response to Its Limitations. *Policy Sciences*, 19 (4).

Torgerson, D. (2017). Policy Sciences and Democracy: A Reexamination. *Policy Sciences*, 50 (3).

Torgerson, D. (1992). Priest and Jester in the Policy Sciences: Developing the Focus of Inquiry. *Policy Sciences*, 25 (3).

Tropman, J. E. and Vasey, W. (1976). The Politics of Policy. In Tropman, J. E., Dluhy, M., Lind, R., Vasey, W. & Croxton, T. A. (eds.). *Strategic Perspectives on Social Policy*. New York: Pergamon Press.

Trout, J. D. (2002). Scientific Explanation And The Sense Of Understanding. *Philosophy of Science*, 69 (2).

Turnbull, N. (2015). Harold Lasswell's "Problem Orientation" for the Policy Sciences. *Critical Policy Studies*, 2 (1).

Turnbull, N. (2018). Policy as (mere) Problem-solving. In Colebatch, H. K. and Hoppe, R. (eds.). *Handbook on Policy, Process and Governing*. Cheltenham, UK: Edward Elgar.

Turoff, M. (1970). The Design of a Policy Delphi. *Technological Forecasting and Social Change*, 2 (2).

Ulrich, W. (1994). *Critical Heuristics of Social Planning: A New Ap-*

proach to Practical Philosophy. New York: John Wiley & Sons.

Ungsuchaval, T. (2016). Transcending the Institutionalist-interpretivist Binary: Realizing Critical Realist Theory of Governance as Metagovernance. *Journal of Government and Politics*, 7 (4).

Vakkari, P. and Kuokkanen, M. (1997). Theory Growth in Information Science: Applications of the Theory of Science to a Theory of Information Seeking. *Journal of Documentation*, 53 (5).

Valach, L. and Young, R. A. (2002). Contextual Action Theory in Career Counselling: Some Misunderstood Issues. *Canadian Journal of Counselling*, 36 (2).

Valsiner, J. (2019a). General Introduction: Social Sciences Between Knowledge and Ideologies-Need for Philosophy. In Valsiner, J. (ed.). *Social Philosophy of Science for the Social Sciences.* Cham, Switzerland: Springer.

Valsiner, J. (2019b). From Causality to Catalysis in the Social Sciences. In Valsiner, J. (ed.). *Social Philosophy of Science for the Social Sciences.* Cham, Switzerland: Springer.

Van Fraassen, B. (1980). *The Scientific Image.* Oxford: Clarendon Press.

Vaughan, D. (2014). Analogy, Cases, and Comparative Social Organization. In Swedberg, R. (ed.). *Theorizing in Social Science: The Context of Discovery.* Stanford, California: Stanford University Press.

Verbeek, B. and Southwood, N. (2009). Introduction: Practical Reasoning and Normativity. *Philosophical Explorations*, 12 (3).

Vermeule, A. (2007). Connecting Positive and Normative Legal Theory. *Journal of Constitutional Law*, 10 (2).

Vessey, D. (2016). Hermeneutics and Pragmatism. In Keane, N. and

Lawn, C. (eds.). *The Blackwell Companion to Hermeneutics.* Malden, MA: John Wiley and Sons, Inc.

Virtamen, T. (2013). Context in the Context-Missing the Missing Links in the Field of Public Administration. In Pollitt, C. (ed.). *Contexts in Public Policy and Management: The Missing Link?.* Cheltenham, UK: Edward Elgar.

Von Wright, G. H. (1971). *Explanation and Understanding.* London: Routledge and Kegan Paul.

Wade, L. L. (1972). *The Elements of Public Policy.* Columbus, Ohio: Merrill Publishing Company.

Wagenaar, H. (2011). *Meaning in Action: Interpretation and Dialogue in Policy Analysis.* New York: Taylor & Francis.

Wagenaar, H. (2007a). Interpretation and Intention in Policy Analysis. In Fischer, F., Miller, G. J., Sidney, M. S. (eds.). *Handbook of Public Policy Analysis. Theory, Politics and Methods.* London: CRC Press/Taylor & Francis Group.

Wagenaar, H. (2007b). Philosophical Hermeneutics and Policy Analysis: Theory and Effectuations. *Critical Policy Studies*, 1 (4).

Wagle, U. (2000). The Policy Science of Democracy: The Issues of Methodology and Citizen Participation. *Policy Sciences*, 33 (2).

Waitzkin, H. (1968). Truth's Search for Power: The Dilemmas of the Social Sciences. *Social Problems*, 15 (4).

Walker, A. (1984). *Social Planning: A Strategy for Socialist Welfare.* Oxford: Basil Blackwell.

Waterston, A. (1965). *Development Planning: Lessons of Experience.* Washington, D. C.: World Bank Group.

Watts, D. J. (2017). Should Social Science Be More Solution-oriented? *Nature Human Behaviour*, Nature, 1 (1).

Wedgwood, R. (2018a). The Fundamental Principle of Practical Reasoning. *International Journal of Philosophical Studies*, 6 (2).

Wedgwood, R. (2018b). The Unity of Normativity. In Star, D. (ed.). *The Oxford Handbook of Reasons and Normativity*. Oxford: Oxford University Press.

Weible, C. M. (2020). IN MEMORIUM—Peter DeLeon (1943 – 2020) "Standing on the Shoulders of a Giant: The Sagacity of Peter DeLeon's Policy Sciences". *Policy Sciences*, 53 (3).

Weick, K. E. (1996). Drop Your Tools: An Allegory for Organizational Studies. *Administrative Science Quarterly*, 41 (2).

Weick, K. E. (1989). Theory Construction as Disciplined Imagination. *Academy of Management Review*, 14 (4).

Weick, K. E. (2014). The Work of Theorizing. In Swedberg, R. (ed.). *Theorizing in Social Science: The Context of Discovery*. Stanford, California: Stanford University Press.

Weiss, C. H. (1980). Knowledge Creep and Decision Accretion. *Knowledge: Creation, Diffusion and Utilization*, 1 (3).

Weiss, C. H. (1977). Research for Policy's Sake: The Enlightenment Function of Social Research. *Policy Analysis*, 3 (4).

Weiss, C. H. (1979). The Many Meanings of Research Utilization. *Public Administration Review*, 39 (5).

Westhues, A. (2003). An Overview of Social Policy. In Westhues, A. (ed.). *Canadian Social Policy: Issues and Perspectives*. Waterloo, Ontario: Wilfrid Laurier University Press.

White, J. D. (1987). Action Theory and Literary Interpretation. *Administration & Society*, 19 (3).

Whitehead, M. (2003). 'In the Shadow of Hierarchy': Meta-governance, Policy Reform and Urban Regeneration in the West Midlands. *Area*, 35 (1).

Wicker, A. W. (1989). Substantive Theorizing. American Journal of Community Psychology, 17 (5).

Wikipedia (2021). Normative. https://en.wikipedia.iwiki.eu.org/wiki/Normative

Wildavsky, A. (1973). If Planning Is Everything, Maybe It's Nothing. *Policy Sciences*, 4 (2).

Wildavsky, A. (1971). *The Revolt Against the Masses.* New York: Basic Books.

Wilder, M. (2015). What Is a Policy Paradigm? Overcoming Epistemological Hurdles in Cross-disciplinary Conceptual Adaptation. In Hogan, J. & Howlett, M. (eds.). *Policy Paradigms in Theory and Practice: Discourses, Ideas and Anomalies in Public Policy Dynamics.* Basingstoke: Palgrave Macmillan.

Wilder, M. and Howlett, M. (2014). The Politics of Policy Anomalies: Bricolage and the Hermeneutics of Paradigms. *Critical Policy Studies*, 8 (2).

Williams, M. (1996). *Unnatural Doubts: Epistemological Realism and the Basis of Scepticism.* Princeton, NJ: Princeton University Press.

Williams, R. (1976). The Idea of Social Planning. *Planning Outlook*, 19 (1-2).

Wilson, W. (1887). TheStudy of Administration. *Political Science Quar-*

terly, 2 (2).

Winthrop, H. (1965). The Task of Social Philosophy: Future Designs for Living. *Religious Education*, 60 (6).

Wirth, L. (1947). Responsibility of Social Science. *The Annals of the American Academy of Political and Social Science*, 249.

Worsnip, A. (2017). Contextualism and Knowledge Norms. In Ichikawa, J. J. (ed.). *The Routledge Handbook of Epistemic Contextualism*. New York, NY: Routledge.

Wu, X. & Ramesh, M. and Howlett, M. (2015). Policy Capacity: A Conceptual Framework for Understanding Policy Competences and Capabilities. *Policy and Society*, 34 (3-4).

Yanow, D. (2000). *Conducting Interpretive Policy Analysis*. Thousand Oaks, CA: Sage.

Yanow, D. (1996). *How Does a Policy mean? Interpreting Policy and Organizational Action*. Washington D. C. : Georgetown University Press.

Yanow, D. (2007). Interpretation in Policy Analysis: On Methods and Practice. *Critical Policy Studies*, 1 (1).

Yanow, D. (2017). Making Sense of Policy Practices: Interpretation and Meaning. In Fischer, F. , Torgerson, D. , Durnová, A. and Orsini, M. (eds.). *Handbook of Critical Policy Studies*. Cheltenham, UK: Edward Elgar.

Yanow, D. (1995). Practices of Policy Interpretation. *Policy Sciences*, 28 (2).

Ylikoski, P. (2019). Mechanism-based Theorizing and Generalization from Case Studies. *Studies in History and Philosophy of Science*, 78.

Ylikoski, P. and Aydinonat, E. (2014). Understanding withTheoretical

Models. *Journal of Economic Methodology*, 21 (1).

Young, R. A. and Valach, L. & Collin, A. (2002). A Contextualist Approach to Career Analysis and Counseling. In D. Brown & Associates. *Career Choice and Development*. San Francisco: Jossey-Bass.

Zahariadis, N. (2016). Setting the Agenda on Agenda Setting: Definitions, Concepts, and Controversies. In Zahariadis, N. (ed.). *Handbook of Public Policy Agenda Setting*. Cheltenham: Edward Elgar.

Zarkin, M. J. (2006). Microeconomic Ideas, Policy Epistemologies, and the Politics of Spectrum Licensing, 1922—1997. *Polity*, *38* (2).

Zarkin, M. J. (2003). *Social Learning and the History of US Telecommunications Policy, 1900—1996*. Lewiston, NY: The Edwin Mellen Press.

Zhao, S. Y. (2001). Metatheorizing in Sociology. In Ritzer, G. & Smart, B. (eds.). *Handbook of Social Theory*. London: Sage.

图书在版编目(CIP)数据

政策科学：理论新发现 / 李兵著. -- 北京：社会科学文献出版社，2022.7（2023.8重印）
ISBN 978 - 7 - 5228 - 0245 - 9

Ⅰ.①政… Ⅱ.①李… Ⅲ.①政策科学 Ⅳ.①D035 - 01

中国版本图书馆CIP数据核字（2022）第100664号

政策科学：理论新发现

著　　者 / 李　兵

出　版　人 / 冀祥德
组稿编辑 / 恽　薇
责任编辑 / 孔庆梅
责任印制 / 王京美

出　　版 / 社会科学文献出版社·经济与管理分社（010）59367226
　　　　　 地址：北京市北三环中路甲29号院华龙大厦　邮编：100029
　　　　　 网址：www.ssap.com.cn

发　　行 / 社会科学文献出版社（010）59367028
印　　装 / 唐山玺诚印务有限公司

规　　格 / 开　本：787mm × 1092mm　1/16
　　　　　 印　张：16.25　字　数：203千字

版　　次 / 2022年7月第1版　2023年8月第2次印刷
书　　号 / ISBN 978 - 7 - 5228 - 0245 - 9
定　　价 / 98.00元

读者服务电话：4008918866

版权所有 翻印必究